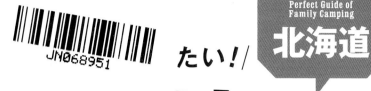

Perfect Guide of
Family Camping

北海道

たい！

ファミリーキャンプ場

完全ガイド

改訂版

「北海道ファミリーキャンプ」
編集室 著

Mates-Publishing

CONTENTS

※本書は2016年発行の『北海道　親子で行きたい！ファミリーキャンプ場完全ガイド』の改訂版です。

全体MAP

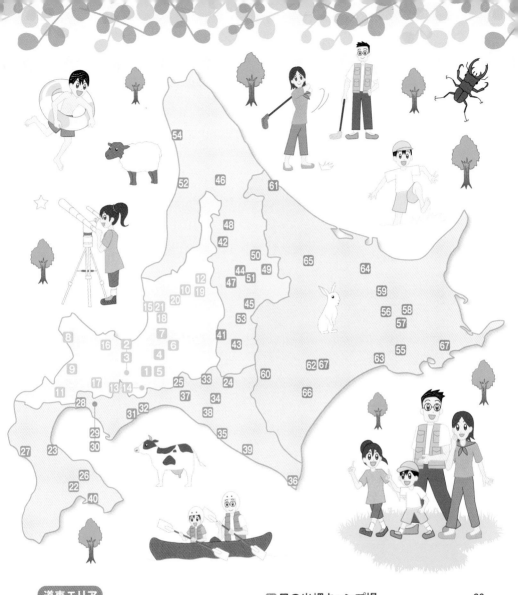

「どこに行く？」出かける前に家族で

この本の使い方

① アイコンの説明

設備の「あり」・「なし」を表示しています。なしの場合は白色で表しています。

[　あり　]　[　なし　]

カーサイト　カーサイト

■カーサイト

車を止めて利用できるキャンプ施設の「あり」・「なし」を表示。オートサイトなど施設によって異なる表記の意味を含みます。

フリーテントサイト　フリーテントサイト

■フリーテント

駐車場に車を止めてテントを運んで泊まるキャンプ施設の「あり」・「なし」を表示。テントサイトなど施設によって異なる表記の意味を含みます。また施設によっては自由に設置していい場合と区画が決められている場合があります。

宿泊棟　宿泊棟

■宿泊棟

コテージやロッジなどキャンプ場内で利用可能施設の「あり」・「なし」を表示。

■各設備

各設備やペット入場の「あり」・「なし」を表示。また追加事項がある場合はアイコン下部に書いてあります。

[　あり　]　[　なし　]

② キャンプ場の名称

③ 予約先・利用期間

キャンプ場の住所、電話番号を表示。基本的に現地管理棟の住所と電話番号です。期間外問い合わせ先は、キャンプ場が開設していない時期の連絡先です。ホームページがある場合はURLを表記しています。利用期間は開設期間を表示しており通年営業の場合はその旨を表記。

アウトドアレジャー

道央エリア

オートサイトはスタンダードサイトとキャンピングカーサイトを完備

① **カーサイト**　**フリーテントサイト**　**宿泊棟**　　　　　　　　　札幌市

設備も充実でキャンプ初心者でも安心

② # オートリゾート滝野<ruby>滝<rt>たき</rt></ruby><ruby>野<rt>の</rt></ruby>

③ **住　所** 札幌市南区滝野247　滝野すずらん公園丘陵公園内（SPAC滝野管理センター）

ＴＥＬ ☎011-594-2121　**利用期間** 4月20日〜10月31日

期間外問合せ先 上記で対応　※3/1〜4/19（9:00〜17:00まで。土日祝は休み）

ＵＲＬ http://auto-resort-takino.jimdo.com/

①

道内唯一の国営公園である滝野すずらん丘陵公園は、約400haの広大な敷地にキャンプ場の他一面に広がる花畑や釣り堀などの様々な施設が整っている。センターハウスは期間中24時間の〜、常駐などで初心者や小さな子供連れにも優しいのが嬉しい。札幌市内とは思えない自然の豊かさを堪能して。冬のキャンプはできないが冬のアクティビティも充実しているので夏冬問わず楽しめる。④

⑤ **禁止・注意事項** 発電機使用、夜間の入退場不可、直火（たき火台等があれば利用可）、カラオケ、音響機材など持ち込み、打上げ花火の禁止。決済は現金のみ。ご利用2週間前よりキャンセル料発生

8

④ 本文

キャンプ場の特徴や案内、周辺施設の特徴などを説明しています。

⑤ 禁止・注意事項

キャンプ場での主な禁止事項と注意事項を表示しています。現地ではさらに記載以外の事項があるのでお守りください。

チェックしよう！を紹介

親子で楽しめるおすすめポイント

これからキャンプを始めるにあたって何を準備したらよいかわからないというファミリー向けに食材のみの持ち込みで、キ 6 道具を全てレンタルで ランがあるので便利。

広々としたフリーテントサイトで快適なキャンプを楽しもう

園内にはカラフルな色のチューリップが咲いている場所もある

キャビンには清潔な木造のキッチンの用意も

温泉情報 旅籠屋 定山渓商店

キャンプ場から25kmほ るがドライブがてら定 7 立ち寄るのもおすすめ。

◆営業時間／13:00～24:00(最終入場23:00)
◆料金／980円／タオルレンタル220円
※13歳以上の方専用の施設
◆住所／札幌市南区定山渓温泉西2丁目5
◆TEL／011-598-2929

INFORMATION 8

利用料金

■施設利用料
大人(高校生以上)870円、小人(小学生以上)120円、幼児(未就学児)無料、シルバー(65歳以上)630円
◆キャンピングカーサイト／5,250円
◆スタンダードカーサイト／4,200円
◆フリーテントサイト／車1,600円、二輪500円

利用時間

■IN／13:00～17:00(6～8月は18:00)
■OUT／翌8:00～11:00

管理人

期間中24時間常駐

施設・設備

水洗トイレ(一部バリアフリー対応、ウォシュレット・オストメイト 付、炊事場、センターハウス 付、売店、コインランドリー、無料のシャワー)

貸し用具

テント、寝袋、マット、コンロ、電池式ランタン(電池別)など各種有料

宿泊棟

利用時間

■IN／13:00～17:00(6 月は18:00)
■OUT／翌8:00～11:00

キャビン

■Sキャビン6人用
1泊1棟15,750円。バリアフリー対応、電源、TV、キッチン、トイレ、暖房、ロフト
■Aキャビン6人用
1泊1棟9,400円。暖房、ロフト
■Bキャビン5人用
1泊1棟8,400円。暖房
※施設利用料が別途必要。詳しくは公式HPにて要確認

9 アクセス 札幌市街から国道36号または国道453号を利用、道道341号線経由で約12～15km

10 ワンポイント情報 ●国営滝野丘陵公園内にあり、公園内の多くのアクティビティが楽しめる

9

アウトドアレジャー 道央エリア 11

⑥ 親子で楽しめるおすすめポイント

キャンプ場施設や環境、周辺施設など親子や子どもが楽しめる内容を表示。

⑦ 入浴施設

キャンプ場近郊のおすすめの温浴施設を紹介。営業時間・料金などを表記していますが変更になる場合がありますので事前にご確認ください。

⑧ INFORMATION

利用料金、チェックイン・アウト時間、管理人駐在時間、キャンプ場の主な設備、レンタル品、宿泊棟のチェックイン・アウト時間、宿泊施設の料金・種別などを表示。

⑨ アクセス

現地周辺の地図、アクセス方法、見落としがちな注意事項や周辺の情報などを表示。(時間は道路状況などで変わります。目安としてください)

⑩ ワンポイント情報

基本的にキャンプ場の特徴やキャンパーが読んで役立つ情報などを掲載。

⑪ エリア

メインジャンルとエリアの表記です。エリアは道央、道南、道北、道東と4つに分けておりジャンルは施設により混在している場合があります。

この本のデータは令和3年1月現在のものです。料金や開設期間などは予告なく変更される場合があります。新型コロナウイルス感染症対策のため、紙面の内容から変更になる場合もあります。詳細は事前に各施設にご確認のうえ、おでかけください。

オートサイトはスタンダードサイトとキャンピングカーサイトを完備

カーサイト　　フリーテントサイト　　宿泊棟　　　　　　　　　　　札幌市

設備も充実でキャンプ初心者でも安心

オートリゾート滝野

住　所	札幌市南区滝野247　滝野すずらん公園丘陵公園内（SPAC滝野管理センター）		
T E L	☎011-594-2121	利用期間	4月20日～10月31日
期間外問合わせ先	上記で対応　※3/1～4/19（9:00～17:00まで。土日祝は休み）		
U R L	http://auto-resort-takino.jimdo.com/		

トイレ
温水洗浄便座あり、一部和式あり

シャワー
無料

夜間照明

炊事場
サイトごとに付属

売店
8:00～20:00

飲食店

遊具
2カ所

ペット
一部のサイトのみ可

Wi-Fi
センターハウス内

道内唯一の国営公園である滝野すずらん丘陵公園は、約400haの広大な敷地にキャンプ場の他一面に広がる花畑や釣り堀などの様々な施設が整っている。センターハウスは期間中24時間の管理人常駐などで初心者や小さな子供連れにも優しいのが嬉しい。札幌市内とは思えない自然の豊かさを堪能して。冬のキャンプはできないが冬のアクティビティも充実しているので夏冬問わず楽しめる。

禁止・注意事項 発電機使用、夜間の入退場不可、直火（たき火台等があれば利用可）、カラオケ、音響機材など持ち込み、打上げ花火の禁止。決済は現金のみ。ご利用2週間前よりキャンセル料発生

親子で楽しめる おすすめポイント

これからキャンプを始めるにあたって何を準備したらよいかわからないというファミリー向けに食材のみの持ち込みで、キャンプ道具を全てレンタルできるプランがあるので便利。

広々としたフリーテントサイトで快適なキャンプを楽しもう

園内にはカラフルな色のチューリップが咲いている場所もある

キャビンには清潔な木造のキッチンの用意も

温泉情報 旅籠屋定山渓商店

キャンプ場から25kmほど離れるがドライブがてら定山渓に立ち寄るのもおすすめ。

◆営業時間／13:00〜24:00（最終入場23:00）
◆料金／980円／タオルレンタル220円
※13歳以上の方専用の施設
◆住所／札幌市南区定山渓温泉西2丁目5
◆TEL／011-598-2929

INFORMATION

利用料金

■施設利用料
大人（高校生以上）870円、小人（小学生以上）120円、幼児（未就学児）無料、シルバー（65歳以上）630円
◆キャンピングカーサイト／5,250円
◆スタンダードカーサイト／4,200円
◆フリーテントサイト／車1,600円、二輪500円

利用時間

■IN／13:00〜17:00（6〜8月は18:00）
■OUT／翌8:00〜11:00

管理人

期間中24時間常駐

施設・設備

水洗トイレ（一部バリアフリー対応、ウォシュレット・オストメイト有）、炊事場、センターハウス（受付、売店、コインランドリー、無料のシャワー）

貸し用具

テント、寝袋、マット、コンロ、電池式ランタン（電池別）など各種有料

--- 宿泊棟 ---

利用時間

■IN／13:00〜17:00（6〜8月は18:00）
■OUT／翌8:00〜11:00

キャビン

■Sキャビン6人用
1泊1棟15,750円。バリアフリー対応、電源、TV、キッチン、トイレ、暖房、ロフト
■Aキャビン6人用
1泊1棟9,400円。暖房、ロフト
■Bキャビン5人用
1泊1棟8,400円。暖房
※施設利用料が別途必要。詳しくは公式HPにて要確認

アクセス

札幌市街から国道36号または国道453号を利用、道道341号線経由で約12〜15km

ワンポイント情報

●国営滝野丘陵公園内にあり、公園内の多くのアクティビティが楽しめる

四季を通じて自然とふれあうことのできるサイト

カーサイト　フリーテントサイト　宿泊棟　　　　　　　　札幌市

通年で利用できる、野外教育施設

札幌市定山渓自然の村
さっぽろ　し　じょうざんけい　し　ぜん　むら

住　所	札幌市南区定山渓　（豊平峡ダム下流国有林野）（指定管理：公益財団法人 さっぽろ青少年女性活動協会）
T E L	☎011-598-3100　　　利用期間　通年
期間外問合わせ先	上記で通年対応
U R L	https://www.sj-naturevillage.jp/

 トイレ 水洗
 シャワー 有料
夜間照明

 炊事場 1棟
 売店
 飲食店

 遊具
 ペット
 Wi-Fi

野外教育を目的とした施設で、一般にも開放されている。札幌市街地から車で40分程にあるので初心者や子ども連れにも利用しやすい。国立公園内キャンプ場の為、環境の観点から村内への車での乗り入れを禁止しているので注意が必要。コテージやテントハウスもあるので冬の利用も可能。施設の状況によって、実際の利用方法に変更が生じる場合があるので、詳細は施設まで問い合わせを。

禁止・注意事項　薪を持ち込んでのたき火、直火、花火禁止、電化製品の使用禁止、ゴミの持ち帰り

親子で楽しめるおすすめポイント

スタッフが案内してくれる体験プログラム（有料）など盛りだくさん。「石窯料理体験」（500円〜）は、オリジナルアウトドアクッキングを楽しむことができる。

モンゴルのゲルをイメージしたテントハウス

受付の「管理センター」

便利な屋根付きの炊事場

温泉情報　定山渓温泉郷

キャンプ場から約4km札幌寄りに定山渓温泉郷がある。泉質はナトリウム塩化物泉、単純硫黄泉で森林浴やかっぱの像の探索も楽しめる。日帰り入浴時間は10:00〜20:00が多いが施設によって異なるので必ず事前に問い合わせを。

INFORMATION

利用料金

◆テントサイト／1泊1区画（6m×6m）500円〈総数22〉
※定員5名、6名以上の場合やタープやスクリーンテントを使用の際には2区画使用の場合有
■日帰りは1日170円（9:00〜17:00）
◆特別テントサイト／1泊1区画（6m×12mキャビン付き）1,000円〈総数2〉
■日帰りは1日340円（9:00〜17:00）
◆テントハウス／1泊1棟3,900円（7人用）〈総数10棟〉暖房付
■日帰りは1日1,300円（9:00〜17:00）
※11/1〜3/31の冬期は平日割引あり。詳細はHPにて

利用時間

■IN／13:00〜
■OUT／翌11:30

管理人

24時間常駐

施設・設備

水洗トイレ、炊事場、シャワー（有料）、受付の「管理センター」、「ふれあいハウス」内に学習室、ロープアスレチックエリア、バリアフリー（コテージ1棟、テントハウス1棟、共有スペースの一部）など

貸し用具

寝袋セット550円、七輪500円、ダッチオーブン800円、カセットコンロ300円（ボンベは利用者用意）その他テントなどのセットレンタルも用意されている

─ 宿泊棟 ─

利用時間

■IN／13:00〜
■OUT／翌11:30

コテージ

■5人用
1泊1室4,700円（シンク、水洗トイレ、暖房、冷蔵庫など付き）
※日帰りは1,600円（9:00〜17:00）

アクセス

国道230号で定山渓中心部から豊平峡温泉方面へ約4km
※豊平峡ダム下流の国有林野

ワンポイント情報

●村内では食材の販売をしていないので、札幌方面から来るのであれば「藤野」周辺のスーパーを利用すると便利
●新型コロナウイルス感染症対策として、施設・設備や貸し用具の利用制限を行う場合がある。詳細は、公式HPを確認するか、施設まで問い合わせを

自然に恵まれた中でゆったりキャンプ

カーサイト　**フリーテントサイト**　**宿泊棟**　　**札幌市**

豊平峡温泉に入り放題のキャンプ場

豊平峡温泉オートキャンプ場

住　所	札幌市南区定山渓608-2（豊平峡温泉）		
T E L	☎011-598-2410	利用期間	5月〜10月末
期間外問合わせ先	豊平峡温泉　☎011-598-2410		
U R L	https://hoheikyo.co.jp/		

トイレ
水洗（洋式）

シャワー
大浴場にて対応（キャンプサイト代＋入湯料）

夜間照明

炊事場

売　店
温泉施設内

飲食店
温泉施設内

遊具

ペット
禁止・注意事項参照

Wi-Fi

豊平峡温泉利用者の為のオートキャンプ場なので温泉利用者でないと利用不可なので注意が必要だ。テントサイト料と入湯料を支払うと翌チェックアウト時間まで温泉に入り放題となりゆったりと過ごすことができる。温泉施設併設なので時間は限られるが食事をとる施設もあり、子ども連れやキャンプ初心者にも嬉しいキャンプ場だ。10区画と他と比べると少ないので完全予約制となっている。

禁止・注意事項 キャンプファイヤーを含む直火（アスファルト、芝生）、大型スピーカー、カラオケ、発電機、ペットの同伴、場内でのエンジンのつけっぱなし

親子で楽しめるおすすめポイント

豊平峡ダムの見学や九段の滝など自然を満喫できる箇所が充実。豊平峡で乗れるハイブリッド電気バスは横と後ろフィルムがあくのでまるでオープンカーのような感覚で楽しめる。

遮るものがない大自然の中で開放感いっぱいの露天風呂

ゆっくり楽しむカヌーは女性にも安心

名物のインドカリーはキャンプ場でも食べられる（テイクアウトOK）

温泉情報♨ 豊平峡温泉

キャンプ場から一段高い場所に豊平峡温泉が併設。タンドール窯で焼き上げるナンとインドカリーも有名。

◆営業時間／［入浴］10:00〜22:30（最終受付 21:45）、[レストラン営業時間]インド料理11:00〜 21:00、和食11:00〜14:00／17:00〜20:00
◆料金／大人1,000円、子供500円　◆休館日／無休
◆住所／キャンプ場隣接　◆TEL／011-598-2410

INFORMATION

利用料金
◆テントサイト／1区画3,500円
◆トレーラーサイト／1区画3,500円
◆入泉料／大人1,000円、子供500円（2日間）

利用時間
■ IN／13:00〜
■ OUT／翌11:00

管理人
温泉施設営業時間内にて対応

施設・設備
水洗トイレ（2020年リニューアル工事済）、炊事場、テーブル、ベンチ、温泉施設内に食堂・売店、ゴミ庫（ゴミ袋付き）

【地図】
⑨⑤ 至小樽
至豊羽 豊平川
定山渓温泉● ●セイコーマート 至小金湯温泉
●ローソン
豊平峡温泉オートキャンプ場
②③⓪
●札幌市定山渓自然の村
至喜茂別　至豊平峡ダム

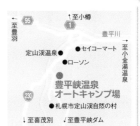

アクセス 札幌市街中心部から国道230号で定山渓温泉を過ぎ約1kmの信号機付交差点を左折し道なりに約600mで豊平峡温泉。サイトは、温泉駐車場奥を左に入ったところ

ワンポイント情報 豊平峡温泉利用者用の施設。豊平峡温泉自体は日帰り温泉施設なので宿泊はできないのでこちらも注意が必要

原始林が近いので運が良ければ動物と出会えることもある

カーサイト　フリーテントサイト　宿泊棟　　　　江別市

利便性の高いキャンプ場

江別市森林キャンプ場

住　所	江別市西野幌928番地		
T E L	☎011-389-6493	利用期間	5月～10月
期間外問合わせ先	エコ・グリーン事業協同組合　☎011-391-1515		
U R L	http://www.eco-green.bz/index.html		

トイレ
1棟、水洗
(洋・和式)　シャワー　夜間照明

炊事場
2棟　売店　飲食店

遊具　ペット　Wi-Fi

野幌から程近い野幌森林公園と運動公園の間に位置する、森林に囲まれたキャンプ場。テントサイトから道路を隔てた場所に日帰り専用バーベキューハウス（要予約）もあるので宿泊キャンプ以外でも楽しめる。宿泊者はサイト内でバーベキューがOK。7月下旬～8月上旬は学校の課外授業の利用が多く一般利用ができないこともあるので事前に問い合わせをしてからいくことをおすすめする。

禁止・注意事項　直火、カラオケ、発電機、花火、集会、大会、ペット不可

14

親子で楽しめる おすすめポイント

施設内に木製遊具が3台あり楽しめ、近くの野幌総合運動公園でも個人利用ができるプールやテニスコートなどもあるので楽しめる。

手ぶらでバーベキューが楽しめる

森に囲まれた静かなキャンプ場

広い炊飯広場

温泉情報 ♨ 北の温泉たまゆら

キャンプ場から、およそ8kmにある天然温泉の温浴施設。お風呂の種類・食事のメニューも充実しているのでキャンプで疲れた体を癒してみては。

◆営業時間／8:00〜25:00（最終受付24:00）
◆料金／大人（中学生以上）450円、小人（小学生）140円、幼児（小学生未満）無料 ◆定休日／無休（但し設備機器点検のため休みの場合あり） ◆住所／江別市野幌屯田町48-1 ◆TEL／011-381-2683

INFORMATION

利用料金
◆一般・大学生・高校生400円、小学生・中学生80円

利用時間
■ IN／8:00〜22:00
■ OUT／翌11:00

管理人
8:00〜22:00駐在
※7月・8月及び土日祝前日は24時間常駐

施設・設備
管理棟、水道・炊事場、日帰り炊飯広場（レンガ製大型炉7基）、水洗トイレ、運搬リヤカー・照明・自動販売機、遊具

江別西IC
至札幌
道央自動車道
函館本線
12
46
江別市森林キャンプ場
酪農学園大
野幌総合運動公園
野幌森林公園

アクセス 道々江別恵庭線沿い野幌神社横を入りおよそ2.5km（案内看板あり）

ワンポイント情報 ●オートキャンプ不可（キャンプサイトへの車輌乗り入れ不可なので注意）●少し足を延ばし角山まで行くと、アースドリーム角山農場があり動物達と触れ合う事ができる（有料エリアあり）

キャンプ場内には自然林が数多く残され、豊かな自然を満喫できるロケーション

カーサイト　**フリーテントサイト**　**宿泊棟**　　　　**北広島市**

札幌から1時間程度で自然を満喫できるキャンプ場

北広島自然の森キャンプ場

住　所	北広島市島松577-1	
TEL	☎011-377-8112	**利用期間** 5月～9月30日
期間外問合わせ先	北広島市教育委員会社会教育課　☎011-372-3311	
URL	http://www.city.kitahiroshima.hokkaido.jp/kyoiku/	

トイレ
水洗

シャワー

夜間照明

炊事場
1棟

売店

飲食店

遊具

ペット
補助犬のみ可

Wi-Fi

都心に程近いところにありながら、自然を満喫できるキャンプ場。池や散策路などもあり気軽に楽しめ、手持ち花火ができる火の広場や野鳥を観察できるコミュニティ広場などもある。また、屋根付きの炉場があるので雨の日でもバーベキューを楽しむ事ができるのが嬉しい。車で5分圏内にはコンビニエンスストア、15分程度でスーパーもあるので必要なものがあっても安心だ。

禁止・注意事項 直火、カラオケ、発電機、ペット不可。ローラースケート等乗り物、ガスボンベ使用禁止（炭のみ）。たき火不可。花火は手持ち花火のみ可

親子で楽しめるおすすめポイント

札幌から車で1時間と都心に近い場所にあり、森林と川に囲まれた自然を満喫できるキャンプ場。バーベキューを楽しめる屋根付きの炉場がある。

芝生でくつろぎながら、自然を満喫

清潔に管理されている炊事場

全天候型の屋根付き炉場

温泉情報　竹山高原温泉

キャンプ場から約5kmのところに露天風呂付の竹山高原温泉があります。泉質は子どもの肌にもやさしいアルカリ単純泉。

- ◆日帰り入浴時間／10:00～22:00(最終受付21:00)
- ◆料金／[日帰り入浴]大人700円、小人3歳～12歳300円、3歳未満無料
- ◆定休日／月曜(祝日の際は翌日に振替)
- ◆住所／北広島市富ケ岡896　◆TEL／011-373-2827

INFORMATION

利用料金

◆一般400円、小学生～高校生・65歳以上200円(未就学児・障がいの方及び介助者無料)
※日帰りの場合区分ごとに2分の1料金

利用時間

- IN／13:00～
- OUT／翌12:00

管理人

9:00～17:00駐在
※混雑時は24時間常駐

施設・設備

管理棟、炊事場(井戸水・合成洗剤使用不可)、水洗トイレ、運搬リヤカー・自動販売機、バリアフリー(トイレ)

貸し用具

貸しテント500円、網200円

アクセス　国道36号線を札幌から千歳方向に向かい、輪厚市外のローソン付近の交差点右折。廣済堂CC方向へ向かい仁別川の橋を越え分岐にキャンプ場表示看板がある

ワンポイント情報　●5月中は週末のみの営業(月～金曜休み)なので注意
●予約は管理人駐在時に電話で要予約
※4～6月の開設期間外は市教育委員会

基本的に管理人は駐在していない。利用する場合は前日までの予約が必要

カーサイト **フリーテントサイト** 宿泊棟 　　　　**岩見沢市**

昼間は遊ぶところがいっぱいのキャンプ場

いわみざわ公園キャンプ場

住　所	岩見沢市志文町794		
T E L	☎0126-25-6111	利用期間	4月下旬〜11月上旬
期間外問合わせ先	いわみざわ公園室内公園「色彩館」　☎0126-25-6111		
U R L	http://www.iwamizawa-park.com/camp/		

トイレ
水洗

シャワー
有料

夜間照明

炊事場

売店

飲食店

遊具

ペット

FREE
Wi-Fi

岩見沢市の南東部にあり、北海道グリーンランド遊園地に隣接したキャンプ場。フリーサイトの作りも隣との間隔が余裕がある作りになっているのも子ども連れには嬉しい仕様だ。キャンプ場自体は緑の木立に囲まれているので快適に過ごせるはず。そしてオートサイトには全区画流し台とAC電源が設けられ快適さは抜群だ。シャワーも完備しているので遊具などでたっぷり遊んで汗をかいても安心できる。

禁止・注意事項 直火、カラオケ、発電機、打ち上げ花火不可（手持ち花火は可）、ペット

親子で楽しめるおすすめポイント

15種類ものアスレチック遊具があり小さな子どもから楽しめる。また、モルモット、うさぎなどの小動物も飼育されている。

斜面に造られた一般テントサイトは22区画。炊事場が近いので便利

子どもが楽しめるさまざまなアスレチックが隣接

モダンな造りの外観が目印の管理棟

温泉情報 湯元岩見沢温泉なごみ

キャンプ場から約3km程の場所にあり、食事と入浴のセットがあるのも嬉しい。露天風呂をはじめ内湯も含めて8種類のお風呂があります。

- ◆入浴時間／11:00〜23:00(最終受付22:30)
- ◆料金／日帰り入浴大人440円、小人6歳〜11歳140円、6歳未満無料
- ◆定休日／無休(設備点検の際休みになる場合があります)
- ◆住所／岩見沢市志文町345-1 ◆TEL／0126-32-1010

INFORMATION

利用料金
◆テントサイト／1泊1区画:岩見沢市民以外1,000円、岩見沢市民500円
◆カーサイト／1泊1区画:岩見沢市民以外4,000円、岩見沢市民2,000円

利用時間
■ IN／12:00〜
■ OUT／翌12:00

管理人
9:00〜17:00駐在
※混雑時は24時間常駐

施設・設備
管理棟、炊事場、水洗トイレ、温水シャワー、AC電源付きサイト、自動販売機、オートサイトにオストメイトトイレ

アクセス
国道12号線岩見沢市街から国道234号線経由で道道38号に入ると北海道グリーンランドの看板が目印。公園の北駐車場横にゲートがありその500m先

ワンポイント情報
要予約。予約の際は氏名・住所・電話番号を確認。当日の利用申し込みは空きがあれば対応してくれます

19

展望台は夜になるとライトアップされて素敵

| カーサイト | フリーテントサイト | 宿泊棟 | 新篠津村 |

天然温泉もあるキャンプ場

しのつ公園キャンプ場

住　所	石狩郡新篠津村第46線南3		
ＴＥＬ	☎0126-58-3508	利用期間	4月下旬～10月下旬
期間外問合わせ先	しんしのつ温泉たっぷの湯　☎0126-58-3166		
ＵＲＬ	http://www.tappunoyu.com/lake/camp.html		

トイレ　　シャワー　　夜間照明
水洗　　　有料

炊事場　　売　店　　飲食店

遊　具　　ペット　　Wi-Fi

札幌から車で約50分の新篠津村の石狩川河川敷に広がるキャンプ場でしのつ公園の一角にある。公園の敷地内には天然温泉施設や野菜の直売所、テイクアウト専門店が併設されている。中央を流れる小川はこども達にも人気である。1日数組限定予約制のグランピングや全て手ぶらのキャンププランもある。

禁止・注意事項　直火、カラオケ、発電機、花火不可

親子で楽しめるおすすめポイント

ちびっこ広場やしのつ湖での手漕ぎボート。他に無料の貸し出し自転車などがあり、しのつ湖でのフィッシング体験もできる。

しのつ公園展望台からの眺め。しんしのつ温泉たっぷの湯が見える

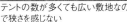

テントの数が多くても広い敷地なので狭さを感じない

源泉かけ流し天然温泉でゆったり

温泉情報　たっぷの湯

公園敷地内にあるたっぷの湯は、源泉かけ流しや地元の野菜を使った料理を提供している。

◆入浴時間／10:00〜22:00(最終受付21:30)
◆料金／日帰り入浴大人500円、小人250円
◆定休日／5月・12月第3月・火曜
◆住所／新篠津村第45線北2
◆TEL／0126-58-3166

INFORMATION

利用料金
◆テントサイト／[宿泊]大人1,000円、小学生500円、幼児無料、[日帰り]大人500円、小学生300円、幼児無料
◆ペット同伴／[宿泊・日帰り]大人2,000円、小学生1,000円

利用時間
■ IN／8:00〜18:00
■ OUT／翌10:00
※日帰りは当日18:00

管理人
9:00〜17:00駐在

施設・設備
管理棟、炊事場、水洗トイレ、温泉、釣り、たっぷの湯(売店、飲食店)、ドッグラン

貸し用具
テント(5〜6名用)5,000円、コンロ1,500円、寝袋1,000円など

アクセス　道道81号を当別方面に向かい、たっぷ大橋を渡り約1.5km先の交差点を左折。さらに1.5km程走るとたっぷの湯が見えるのでその向かいになる

ワンポイント情報　●設備もアクティビティも充実しているのでファミリー向けのキャンプ場だ

16haもの広さのキャンプ場

| カーサイト | フリーテントサイト | 宿泊棟 | 神恵内村 |

日本海を望む大型キャンプ場

かもえないせいしょうねんりょこうむら

神恵内青少年旅行村

住　所	神恵内村大字神恵内村字ブエダウス		
ＴＥＬ	☎0135-76-5148	利用期間	5月1日～9月中旬頃まで
期間外問合わせ先	神恵内村役場企画振興課　商工観光係　☎0135-76-5011		
ＵＲＬ	http://www.vill.kamoenai.hokkaido.jp/		

 トイレ 簡易水洗 シャワー 有料 夜間照明

 炊事場 5棟 売店 飲食店

 遊具 ペット Wi-Fi

日本海を見渡す高台にあるキャンプ場。夜になるとサイトから漁火を眺めることも。スポーツセンターや郷土資料館など村の観光施設が集約されているので移動することなく観光を楽しむことができる。その他シャワー棟なども完備しており、持ち込みテントの他に30棟を超えるバンガローやコテージがあり設備は充実している。場内にはテニスコートや子どもにはうれしい遊具などがあるのが嬉しい。

禁止・注意事項 直火、指定場所以外でのたき火、打ち上げ花火、カラオケ、発電機使用

親子で楽しめる おすすめポイント

場内にあるスポーツセンターはキャンプ場利用者には無料開放されている。設備も充実しているので雨天時でも快適に過ごすことができる。アウトドアも満喫できる。

人気の木製コンビネーション遊具

屋根付きのバーベキューハウスで雨の日も安心

神恵内の歴史に触れることができる郷土資料館

温泉情報 珊内ぬくもり温泉

旅行村から10km程の国道229号線から少し入ったところにある、こじんまりとした温泉。塩分と鉄を含んだ温泉で体がよく温まる。

◆営業時間／13:00～20:00(19:00受付終了)
◆料金／大人500円、中人400円(中学生)、小人200円(4歳～小学生まで)　◆定休日／毎週月曜
◆住所／古宇郡神恵内村大字珊内村57番29
◆TEL／0135-77-6131

INFORMATION

利用料金
■ 施設利用料・入村料
一般600円、高校生以下400円(3歳以下無料)
◆フリーテントサイト／1～3人用300円、4人以上800円、8人以上1,000円(タープ使用5割増)

利用時間
■ IN／14:00～17:00
■ OUT／翌10:00

管理人
8:00～17:00駐在

施設・設備
簡易水洗トイレ、炊事場、管理棟、バーベキューハウス、シャワー室(2棟30分200円、利用時間9:00～17:00)

貸し用具
毛布・網200円、カンテラ・鍋、鉄板400円など各種有料

宿泊棟

利用時間
■ IN／14:00～17:00
■ OUT／翌10:00

バンガロー
■ 8～10人用
5,000円〈20棟〉

コテージ
■ 5人用
16,000円〈12棟〉トイレ、キッチン、寝具など完備

アクセス
札幌から稲穂峠経由で約2時間20分。国道229号を神恵内村に入り、神恵内市街で野塚方向へまっすぐ進む

ワンポイント情報
●設備が充実しており、快適に過ごせる
●ゴミは分別の上受け入れ可能

しっかりと整備されたキャンプ場

カーサイト　**フリーテントサイト**　**宿泊棟**

岩内町

マリンブルーの海と積丹半島を満喫

いわないリゾートパークオートキャンプ場 マリンビュー

住　所	北海道岩内郡岩内町宇野束350-8		
T E L	☎0135-61-2200（4月上旬～）	利用期間	4月下旬～10月中旬
期間外問合わせ先	岩内町観光係　☎0135-67-7096		
U R L	http://www.town.iwanai.hokkaido.jp/		

トイレ　シャワー　夜間照明
水洗

炊事場　売　店　飲食店

遊　具　ペット　FREE Wi-Fi
　　　　禁止・注意
　　　　事項参照

岩内港や積丹半島が一望できる高台にあり、オートキャンプ場から一望できる景色は格別。夜は眼下に広がる日本海の「漁り火」、「満点の星空」が幻想的なロケーションを演出する。日本夜景遺産に登録された岩内町の夜景も魅力だ。いわない温泉で日帰り入浴を楽しめ、美術館やパークゴルフ場（全36ホール）、岩内町森林公園など充実した施設が多く点在し、芸術や自然を思う存分感じることができる。

禁止・注意事項 直火、たき火、打ち上げ花火（手持ち花火可）、カラオケ、発電機使用、ペット同伴の場合コテージ・館物内は不可

24

親子で楽しめる おすすめポイント

場内には遊具広場があり、2020年に遊具を一部リニューアル。また、車で約2分の場所に「いわないパークゴルフ場」があり、子どもの成長と共に遊ぶ場所も変化でき楽しめるキャンプ場。

日本海と星空を堪能できる夜の風景

広々とした遊具広場

売店やシャワーがあるセンターハウス

温泉情報 いわない温泉

いわない温泉は岩内岳のふもとの高原温泉。1km圏内には、日帰り入浴ができる温泉施設が4ケ所ある。「ホテルグリーンパークいわない」、「いわない温泉おかえりなさい」、「いわない高原ホテル」、「サンサンの湯」。

INFORMATION

利用料金

■ 施設利用料・入村料
中学生以上1人1,000円、小学生1人500円、小学生以下無料
◆フリーテントサイト／1区画1泊1,000円〈総数10〉
◆カーサイト／1サイト1泊2,500円〈総数17〉電源無し、1サイト1泊3,000円〈総数23〉電源付き15A
◆キャンピングカーサイト／1サイト1泊5,000円〈総数13〉、電源付き15A～30A、炊事台付

利用時間

■ IN／13:00～17:00
■ OUT／翌10:30

管理人

期間中24時間常駐

施設・設備

水洗トイレ、炊事場、管理棟、シャワー室、ランドリーなど

宿泊棟

利用時間

■ IN／13:00～17:00
■ OUT／翌10:30

コテージ

■ 5人用
12,000円〈9棟〉寝具、テレビ、冷蔵庫、クッキングヒーター、電気ケトル、寝具5名分、2Fロフト

日本海 至神恵内 エネオス
至寿都 至小樽倶知安
いわないリゾートパーク
オートキャンプ場 マリンビュー
グリンパーク いわない
いわない パークゴルフ場
いわない円山別館おかえりなさい
いわない高原ホテル 至ニセコ

アクセス

余市ICより車で約50分

ワンポイント情報

●岩内を拠点にニセコや余市などの観光も可能
●ゴミの分別用のビニール袋が貰えるのでゴミを捨てて帰れる
●夏場のピーク時は予約がいっぱいになるので予約は早めに

地面は芝生で、低木が活かされプライベート感いっぱいのキャンプ場

カーサイト　フリーテントサイト　宿泊棟　　　　　　　滝川市

天然温泉があり、グランピングもできるキャンプ場

滝川キャンプサイト 北のたまゆら まるごとそらち
<small>たきかわ</small>　　　　　　<small>きた</small>

住　所	滝川市西滝川76番地1		
TEL	☎0125-26-2000	利用期間	4月〜10月
期間外問合わせ先	滝川ふれあいの里事務所　☎0125-26-2000		
URL	https://marugoto-sorachi.com/		

トイレ
水洗・洋式

シャワー
有料

夜間照明

炊事場
2棟

売店
8:00〜
21:00

飲食店

遊具

ペット

FREE
Wi-Fi

天然温泉、カヌー体験、グランピング、レンタルキャンプ、フリーサイト、川の科学館などが満喫できる新しいキャンプ場。グランピングサイトをはじめ、手ぶらで楽しめるようにテントやキャンプアイテム、食材など、キャンプに必要なすべてを用意してもらうことができる。また温泉もあり、タオルなどのレンタルや浴室にはシャンプー、ボディソープが完備。思い立ったらすぐキャンプができる。

禁止・注意事項　打ち上げ花火、発電機、直火禁止。ペット同伴はリード着用

親子で楽しめるおすすめポイント

「滝川市B&G海洋センター」ではラウネ川で、川カヌーやボート遊びなどの水上スポーツを楽しめる。流れが穏やかで、初心者でも安心して水上スポーツを体験することができる。

人気の手ぶらキャンプセットのテント

近くに川の知識を学べる「川の科学館」がある

テントサイト横にある温泉施設の大浴場

温泉情報 🛁 滝川ふれ愛の里

最初にキャンプの受付をする「滝川ふれ愛の里」は天然温泉施設。キャンプサイトから歩いて1分ほどのところにある。

◆営業時間／8:00～22:00（最終入場21:30）
◆料金／大人（中学生以上）500円、小人（小学生）250円、幼児無料　◆定休日／不定休
◆住所／滝川市西滝川76番地1
◆TEL／0125-26-2000

INFORMATION

温泉、レストラン、カート置き場

利用料金

■ 施設利用料
◆フリーキャンプ1サイト〈4名〉／月～木曜2,700円、金・土曜、祝前日3,600円、日曜、祝日3,150円
◆フリーキャンプペット利用料／月～木曜3,300円、金・土曜、祝前日4,500円、日曜、祝日3,900円　※入浴料別途、ゴミ袋1枚付き
◆グランピング1張〈4名まで〉4～6月・9月・10月 30,500円／7月・8月 33,500円

利用時間

■IN／12:00～18:00
■OUT／10:00

管理人

8:00～21:00

施設・設備

水洗トイレ、炭置き場、炊事場、

貸し用具

◆手ぶらキャンプセット レンタル料金〈最大2名〉10,120円、〈最大4名〉16,800円、〈4～8名〉22,000円
※全て人数分入浴料＋サイト料金込み
◆グランピング1張〈4名まで〉／4～6月・9月・10月 30,500円、7月・8月 33,500円（ベッド2点・布団3点・照明・リビングテーブル・サイドテーブル・ソファ・チェア2点・ハンモック2点・ダイニングテーブル・ベンチ・BBQグリル・スリッパ等）

アクセス

道央自動車道経由滝川I.Cから約12分、JR滝川駅から約12分

ワンポイント情報

◆荷物運搬はリヤカーでの運搬なので注意

場内は円形の設計となっておりシラカバの木でセパレートされている

| カーサイト | フリーテントサイト | 宿泊棟 |

国の天然記念物「歌才ブナ林」そばのキャンプ場

歌才オートキャンプ場L'PIC
うたさい　　　　　　　　　　　じょう ル ピ ック

住　所	寿都郡黒松内町字黒松内521-1	
T E L	☎0136-72-4546	
		利用期間 4月下旬～10月中旬
期間外問合わせ先	上記で通年対応	
U R L	http://www.lpic.utasai.jp/	

トイレ
水洗

シャワー
有料

夜間照明

炊事場

売店

飲食店

遊具

ペット
禁止・注意
事項参照

Wi-Fi

　ブナ林の北限として知られている、国の天然記念物「歌才ブナ林」近隣のキャンプ場。たき火ができる炉もあり、昔風キャンプの良さを残している。向かいには「ブナセンター」もあり、自然派志向のファミリーには最適で、子どもの自然学習の場にもふさわしい。「ルピック」は町のシンボルマーク「クマゲラ」を意味し、フランス語の「キツツキ」に由来している。

禁止・注意事項 花火、カラオケ、BGMなど禁止。21:00以降の車の出入り禁止。ペットはオートサイトのみ予約時に確認

親子で楽しめる おすすめポイント

「歌才ブナ林」をはじめ、周辺の散策ルートなど黒松内の自然情報がいっぱい。木工クラフト、陶芸なども体験でき、2階には森の図書館もある。

サイトのレイアウトは自然の起伏を生かした造りになっている

管理棟のシャワー、ランドリーは24時間利用可能

フリーサイト用の炊事は管理棟で

温泉情報 くろまつない温泉 ぶなの森

キャンプ場からおよそ2kmに位置する温泉施設で檜風呂や露天風呂のほかフィンランドサウナも揃っている。

◆営業時間／夏季(4月〜10月)11:00〜21:30(最終入館21:30)、冬季(11月〜3月)11:00〜21:00(最終入館20:30) ◆料金／大人500円、小学生250円、幼児(保護者同伴)無料 ◆定休日／夏季・第1水曜、冬季・水曜 ◆住所／黒松内町字黒松内545 ◆TEL／0136-72-4566

INFORMATION

利用料金

■入場料
大人900円、小中学生450円、未就学児無料
◆オートサイト1／1区画2,500円〈24区画〉電源10A、上水道、シンク、直火スペース
◆オートサイト2／1区画3,500円〈3区画〉電源30A・上水道・シンク・直火スペース
◆テントサイト(持込テント)／1張550円〈9区画〉

利用時間
■IN／13:00〜17:00
■OUT／翌11:00

管理人
24時間常駐

施設・設備
管理棟(水洗トイレ、コイン温水シャワー、共同炊事場)、ドッグランなど

貸し用具
寝袋、テント、タープ類、ダッチオーブンなど

宿泊棟

利用時間
■IN／13:00〜17:00
■OUT／翌11:00

バンガロー
■3〜4人用
1泊1棟5,500円〈3棟〉照明、電源、室内灯、網戸、直火スペースなどを完備

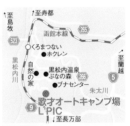

至島牧　至寿都
函館本線
くろまつない　ホクレン　至蘭越
黒松内川　自然の家　黒松内温泉ぶなの森　5
ブナセンター　朱太川
歌才オートキャンプ場 L'PIC
9　至長万部

アクセス 黒松内市街地(国保病院)から道道9号を南へ約2.5km、左折し道なりに0.6km

ワンポイント情報 最近では珍しい直火炉スペースが確保されているのでたき火などが気軽にできるのがうれしい

アウトドアレジャー　道央エリア

29

音江山麓のすそ野に広がる緑豊かな丘陵地に造られていて眺めは最高

カーサイト　**フリーテントサイト**　**宿泊棟**　　　　　深川市

焚火台が利用でき、夏場にはカブト虫などの昆虫採集もできる

まあぶオートキャンプ場

住　所	深川市音江町字音江459番地1		
TEL	☎0164-26-3000	利用期間	通年（11月〜3月は一部サイトのみ）
期間外問合わせ先	まあぶオートキャンプ場　☎0164-26-3000		
URL	http://mypage.fukanavi.com/campsite/index.html		

トイレ
水洗、バリアフリー対応あり

シャワー
有料

夜間照明

炊事場
3棟

売店

飲食店

遊具

ペット
禁止・注意事項参照

FREE
Wi-Fi

きれいなバーベキューハウスやセンターハウスには売店や有料にはなるがシャワー、ランドリーなどの設備もしっかりしているので、小さな子供連れやキャンプ初心者には嬉しいキャンプ場。その他、車で1分程のあぐり工房では滞在中、何度でもキャンパーには半額で入浴できるのでこちらもビギナー問わず嬉しい特典だ。その他キャンプ場には珍しく公衆無線LANも完備している（センターハウス内）。

禁止・注意事項　直火不可、打ち上げ花火（手持ち花火はOK）、カラオケ、発電機使用禁止、ペットはペット専用サイト10サイトのみ、ドッグランはサイト利用者無料・その他は有料

親子で楽しめる おすすめポイント

春は周辺に桜が咲き、夏はカブト虫やクワガタなど昆虫採集、秋は周辺でリンゴ狩りや芋掘りができる。また、毎週日曜日はジャンボシャボン玉作りを楽しめる。

清潔な環境で利用人数に応じて選べるコテージ群

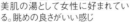

美肌の湯として女性に好まれている。眺めの良さがいい感じ

施設の改修工事を終えてリニューアルオープンした「まあぶ本館」

温泉情報　アグリ工房まあぶ

露店風呂やサウナも完備している温浴施設。弱アルカリ性冷鉱泉なので肌への刺激が少なく小さな子どもから安心して入浴ができる。

- ◆営業時間／10:00〜22:00(最終退館22:00)
- ◆料金／大人500円(中学生以上)、小人300円
- ◆定休日／不定休
- ◆住所／深川市音江町字音江600番地
- ◆TEL／0164-26-3333

INFORMATION

(コテージ8人用1棟・各トイレ3カ所・センターハウス)、ドッグランなど

利用料金

■ 入場料
大人1泊1,000円(中学生以上)、小人1泊500円(温泉入浴券付)

■ 施設利用料
◆フリーテントサイト／500円(総数16)
◆カーサイトA／4,000円〈総数15〉電源、水道、野外卓
◆カーサイトB／3,000円〈総数39〉電源
◆キャンピングカーサイト／5,000円〈総数2〉電源、汚水排水溝
※金・土曜、祝日は500円増し

利用時間

■ IN／13:00〜18:00
■ OUT／翌11:00

管理人

駐在

施設・設備

管理棟、シャワー(有料)、炊事場、夜間照明、売店、飲食店、バリアフリー

貸し用具

有料で各種用意

(宿泊棟)

利用時間

■ IN／15:00〜18:00
■ OUT／翌11:00

コテージ

■ A・B棟／定員5人、夏(5/1〜10/31)1泊18,000円、冬(11/1〜4/30)1泊15,000円〈総数2〉
■ C・D・E棟／定員11人、夏(5/1〜10/31)1泊24,500円、冬(11/1〜4/30)1泊19,000円〈総数3〉
■ コテージF棟／定員8人、夏(5/1〜10/31)1泊24,500円、冬(11/1〜4/30)1泊19,000円〈総数1〉

ログハウス

1泊3,000円〈総数2〉照明、電源
※コテージ、ログとも金・土曜、祝日は1,000円増し

アクセス　国道12号の深川市音江地区から道央自動車道深川ICへ向かう道道79号に入り、道央自動車道下をぬけ約300mで現地への入り口が見えてくる。更に先に600m程走ると温浴施設になる

ワンポイント情報　●自然と一体感のあるキャンプ場。家族・仲間とバーベキューをしたり、石窯でピザを焼いて楽しめる
●貸し自転車(一部有料)でサイクリングもできる

見晴らしの良いバンガローとロッジ

カーサイト **フリーテントサイト** **宿泊棟**　　**北斗市**

函館の夜景が堪能できるキャンプ場

北斗市きじひき高原キャンプ場

住　所	北斗市村山174番地		
T E L	☎0138-77-8381	利用期間	4月下旬～10月中旬
期間外問合わせ先	北斗市建設部都市住宅課　☎0138-73-3111		
U R L	http://www.city.hokuto.hokkaido.jp/index.php		

トイレ　シャワー　夜間照明
水洗　　有料

炊事場　売店　飲食店
2棟

遊具　ペット　Wi-Fi
　　　バンガロー
　　　内は不可

　キャンプ場の広場からは、大沼や函館山まで見渡せ、眺望が良く気持ちの良い高原タイプのキャンプ場。バンガローも完備しているのでテントでの寝泊りが不安な小さな子ども連れや年配の方でも安心して利用できるがバンガローには寝具が用意されておらず必要に応じて持参が必要なので注意が必要だ。有料にはなるがシャワーも設置してあるので遊んで汗だくになっても安心だ。

禁止・注意事項　直火不可、カラオケ、発電機

親子で楽しめる おすすめポイント

隣接する公共育成牧場ではシーズンには放牧されている動物たちを見ることもできる。夜になると函館の夜景や天体観測（用具要持参）なども楽しめる。

天気の良い日の眺望は抜群

セミオート感覚でキャンプ可能

温かみのある木製の管理棟

温泉情報 北斗市健康センターせせらぎ温泉

大野川に面し川のせせらぎを聞きながら入浴できる温泉で食事処などもあり手軽な料金で楽しめる。

◆営業時間／9:00〜22:00
◆料金／大人350円、中高生300円、小学生140円、幼児70円 ◆定休日／月曜（祝日の場合営業） ◆住所／北斗市本町4丁目3-20 ◆TEL／0138-77-7070

INFORMATION

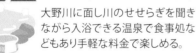

利用料金

■施設利用料
◆フリーテントサイト／［6人用以下テント］320円、［7人用以上テント］530円

利用時間
■IN／13:00〜
■OUT／翌11:00
※21:00〜翌6:30迄ゲート閉鎖

管理人
駐在

施設・設備
水洗トイレ（バリアフリー対応あり）、シャワー（有料）、炊事場、管理棟

宿泊棟

利用時間
■IN／15:00〜18:00
■OUT／翌11:00

バンガロー
1棟1泊2,090円（要予約）

アクセス 国道227号を厚沢部・江差方面に向かうとキャンプ場の看板が見えるので右折をし道なりでキャンプ場

ワンポイント情報 ●ここを拠点に函館市内や江差・松前などの観光も可能
●バンガローは荷物も含めると4〜5人が限界なので注意が必要

アウトドアレジャー

道南エリア

33

抜群のパノラマビューを誇る広大なキャンプ場

カーサイト　**フリーテントサイト**　**宿泊棟**　　　**八雲町**

噴火湾を臨む丘陵地のキャンプ場

オートリゾート八雲

住　所	二海群八雲町浜松		
T E L	☎0120-415-992（予約不要）	利用期間	4月下旬～11月初旬
期間外問合わせ先	上記通年対応		
U R L	http://yakumo.shopro.co.jp/		

トイレ
水洗　シャワー
有料　夜間照明

炊事場
2棟（20～30サイト分）　売店　飲食店

遊具　ペット
禁止・注意事項参照　Wi-Fi FREE
センターハウス内

噴火湾パノラマパーク内にあるキャンプ場。噴火湾の眺望も素晴らしく近隣にはハーベスター八雲があり美味しい食事を楽しむ事もできる。キャンプ場自体は緑に囲まれパノラマビューを楽しみながら心地よく過ごすことができる。その他ツリーハウスでの遊びや動植物の観察などもできる。センターハウスには暖炉もあり少し肌寒い時には暖炉の暖かさを感じる事ができる。

禁止・注意事項 発電機使用、ロッジ・フリーサイトでのたき火禁止（炉のあるカーサイトのみ自己責任で許可制）、直火不可、打ち上げ花火、カラオケ、ペットはBサイトのみ

親子で楽しめるおすすめポイント

珍しい五右衛門風呂がある。（料金1回2人まで660円。1人追加毎に300円加算）噴火湾を一望できるパノラマビューを体感でき、晴れの日には室蘭の白鳥大橋を望める。

星の広場ではキャンプファイヤーも

眺望の良いデッキ

ツリーハウスなど子どもが喜ぶ施設も

温泉情報 温泉ホテル八雲遊楽亭

キャンプ場からは徒歩で20分程にある。岩盤浴なども設置してあるので是非楽しんで欲しい。

- ◆営業時間／10:30～21:00（最終受付20:00）
- ◆料金／大人550円（13歳以上）、小学生250円、子ども100円、3歳以下無料　◆定休日／無休
- ◆住所／二海郡八雲町浜松152番地
- ◆TEL／0138-63-4126

INFORMATION

センターハウス内・トイレ・シャワー）センターハウス内に売店、水洗トイレ、ランドリー、シャワー、ドッグランなど

利用料金

■施設利用料

◆中学生以上1,000円（土・祝前日、夏季1,100円）、小学生500円（土・祝前日、夏季550円）、幼児無料

◆フリーテントサイト／1,650円〈総数25〉夏季7月20日～8月20日）

◆カーサイトA・B・D／4,290円〈総数20〉

◆カーサイトC／3,190円〈総数10〉

※平日、土・祝日前は異なる

利用時間

- ■IN／13:00～18:00
- ■OUT／翌11:00

管理人

駐在

施設・設備

管理棟、バリアフリー（ロッジ2棟・

貸し用具

有料にて各種あり

─ 宿泊棟 ─

利用時間

- ■IN／15:00～18:00
- ■OUT／翌11:00

ロッジ

1棟1泊（夏季7月20日～8月20日）13,750円〈総数12〉

アクセス
道央自動車道八雲ICから国道277号・5号を経由し約5.5kmを右折後すぐにY字路を左折。約1.5kmで左折し左手

ワンポイント情報
●徒歩5分に位置するハーベスター八雲では窯焼きピザや国産ハーブ鶏などを味わうことができる

木漏れ日と木々に囲まれたテントサイト

カーサイト フリーテントサイト 宿泊棟 日高町

川のせせらぎが聞こえる心地よいキャンプ場

日高沙流川オートキャンプ場

住　所	日高町字富岡		
TEL	☎01457-6-2922	利用期間	4月下旬～10月中旬
期間外問合わせ先	日高町役場日高総合支所地域経済課　☎01457-6-2084		
URL	http://www.town.hidaka.hokkaido.jp/site/camp/		

トイレ
水洗（バリアフリー）

シャワー

夜間照明

炊事場
4棟

売　店

飲食店

遊　具

ペット
禁止・注意事項参照

FREE
Wi-Fi

　日高山脈の麓、沙流川のほとりにつくられたキャンプ場。市街地から近くにあるが自然を満喫できる環境だ。芝生のフリーサイト部分も、荷物の搬入時には車を乗り入れることが可能なのがうれしい。オートサイトCではペットの同伴も可能でドッグランも設置しており家族と一緒にペット達と出かけることができる。その他自転車の貸し出しやアスレチック施設もあるので子ども達にはうれしいキャンプ場だ。

禁止・注意事項 直火不可、手持ち以外の花火、発電機、カラオケ、ペットはCサイトのみ

親子で楽しめるおすすめポイント

石窯でのピザ焼き体験や夏場にはヤマメのつかみ取り体験などが楽しめる。隣接する沙流川では魚釣りやラフティングも楽しめる。

道路から近いのでアクセスも抜群

近隣の情報やイベントなどの情報もある

炊事場やトイレは管理が行き届いている

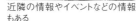

温泉情報 ♨ 沙流川温泉 ひだか高原荘

キャンプ場向かいにある「日高高原荘」は朝10:00から営業しているので帰宅前にキャンプの汗を流すことも可能。

◆営業時間／10:00〜20:00（最終受付19:30）（毎週月曜:14:00〜20:00）　◆料金／大人500円、中学生300円、小学生200円、就学前無料　◆定休日／年中無休　◆住所／沙流郡日高町字富岡444-1　◆TEL／01457-6-2258

INFORMATION

リー（トイレ）、ドッグラン

利用料金

■ 入場料
小学生以上1泊100円
◆フリーテントサイト／400円〜2,500円〈総数200〉
◆カーサイトA／2,500円〈総数10〉
◆カーサイトB／1,900円〈総数49〉
◆カーサイトB-1／電源3,000円〈総数21〉電源付
◆カーサイトC／1,300円〈総数20〉

利用時間
■ IN／13:00〜18:00
■ OUT／翌11:00

管理人
8:00〜18:00駐在

施設・設備
水洗トイレ、炊事場、管理棟、バーベキューハウス、バリアフ

貸し用具
有料にてあり

─ 宿泊棟 ─

利用時間
■ IN／13:00〜18:00
■ OUT／翌11:00

バンガロー
■ Aタイプ
4,500円〈総数11〉
■ Bタイプ
5,700円〈総数2〉

日高沙流川オートキャンプ場

アクセス 道東自動車道占冠ICから国道237号経由で15分。日高自動車道富川ICから国道237号経由で約1時間

ワンポイント情報 ●キャンプ場から1kmの所に道の駅「樹海ロード日高」やコンビニエンスストアがある。隣接のひだか高原荘にはおみやげ品がある

木々に囲まれた静かに過ごせるテントサイト

カーサイト **フリーテントサイト** 宿泊棟 **安平町**

動物にも出会えるキャンプ場

安平町鹿公園キャンプ場
（あびらちょうしかこうえん じょう）

住　所	勇払郡安平町追分白樺2丁目1		
T E L	☎0145-25-4488	利用期間	4月29日～10月31日
期間外問合わせ先	安平町役場建設課　☎0145-29-7075		
U R L	https://www.town.abira.lg.jp/midokoro/shisetsu/camp/90		

トイレ
水洗（洋・和式）

シャワー

夜間照明

炊事場
2棟

売店

飲食店

遊具

ペット
禁止・注意事項参照

Wi-Fi

鹿公園内にあるフリーサイトキャンプ場。手ぶらキャンプを導入したので、道具を持っていなくても利用できるのが嬉しい。園内には、林を抜ける遊歩道がありエゾシカが放牧されており触れ合えるほか鯉が泳ぐ池などがあり時間を忘れて森林浴をしながら楽しめるだろう。そのほかアスレチック遊具、ドッグランなど充実した施設で、大人から子供まで幅広くご利用できる。

禁止・注意事項 直火、打ち上げ花火、カラオケ、発電機、たき火はたき火台を使用すれば可。ペットは要リード・他人に迷惑をかけない事

親子で楽しめるおすすめポイント

新プランの「手ぶらキャンプ」は、テント設置、撤去不要で食材と飲み物さえ準備すればすぐにキャンプが可能。初心者はもちろん、空港、港も近いので道外の旅行者にも利用しやすいプランで便利。

園内に設置されている木製アスレチック

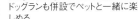

ドッグランも併設でペットと一緒に楽しめる

7月上旬〜8月下旬にシーズンを迎える睡蓮

温浴情報　ぬくもりの湯

キャンプ場から徒歩10分程度に位置する温浴施設で大浴場の他に露天風呂も備えている。

◆営業時間／11:00〜22:00　◆料金／大人500円（中学生以上）、小人250円（小学生）、乳幼児無料　◆定休日／第2.4火曜・元旦　◆住所／追分町中央1-40　◆TEL／0145-25-2968

INFORMATION

利用料金

◆フリーテントサイト／テント、タープ各1張1,000円、テント・タープ一体型1,600円、大型テント、タープ各2,000円
◆バーベキューコーナー／1人400円（網・鉄板は貸出備品。新しいものではない。1回4時間まで）
◆キャンピングカー（車中泊）／1台1泊1,000円
◆施設利用者／1組1回1,000円
※施設利用者とは、テント等を使用せずにキャンプ場スペースを使用（占用）する者
◆手ぶらキャンプ（6人用）／12,000円
※要予約：2日前まで。1日5セット限定
※利用料金は変更になる場合があるので事前に確認を

利用時間

■IN／13:00〜
■OUT／翌11:00

管理人

9:00〜16:00駐在
※季節により変動あり

施設・備品

水洗トイレ、炊事場、管理事務所、バーベキューコーナー、パークゴルフ場、ドッグランなど

貸し用具

テント、タープ、テーブル、イスなど各種有料（手ぶらキャンプの予約がない時に限る）

至岩見沢
室蘭本線
多目的スポーツセンター
フレッシュマートのむら
道の駅「あびら」P51ステーション
おいわけ
柏が丘球場
安平町鹿公園キャンプ場
至苫小牧↓

アクセス

道東道追分ICより3km車で5分程度に位置する

ワンポイント情報

●ドッグラン、遊具・アスレチックがあるのは第2サイトになるので注意
●ゴミの回収はあるが分別に協力を
●2021年より完全予約制。下記のQRコードから予約可能

大自然を感じながらグループでのバーベキューは楽しさ倍増

カーサイト **フリーテントサイト** **宿泊棟** 　　　　**富良野市**

芦別岳麓の自然を満喫できるキャンプ場

山部自然公園太陽の里キャンプ場

住　所	富良野市字山部西19線32		
Ｔ Ｅ Ｌ	☎0167-42-3445	利用期間	4月下旬～10月下旬
期間外問合わせ先	富良野市山部支所　☎0167-42-2121		
Ｕ Ｒ Ｌ	http://furano-taiynosato.com/		

トイレ
水洗(和式)　シャワー　夜間照明

炊事場　売店　飲食店

遊具　ペット　Wi-Fi

テントサイトの奥には芦別岳の登山口があり、登山基地にもなっているキャンプ場。登山口側の旧道エリアと音楽堂側の新道コースのエリアに分けれており初心者や子ども連れであれば音楽堂側の開放的なサイトがおすすめだ。施設内には飲食店も併設しており富士山の溶岩石での焼肉も楽しめる。その他パークゴルフ、アスレチックと無料のキャンプ場だが施設が充実しているのも嬉しい。（一部施設有料）

禁止・注意事項 直火不可、カラオケ

親子で楽しめる おすすめポイント

宿泊棟の裏にある公園には
シーソーやうんていなど遊具
があるので小さい子どもで
も楽しめる。

子どもに人気のすいか割りをすることもできる

キャンプファイヤーを囲んで夏の夜
を満喫

大人数でキャンプ料理を楽しめる

温泉情報 ハイランドふらの

キャンプ場から車で15kmと距離はあるが温浴施設が
あり、日帰り入浴は朝6時から23時まで対応してくれる
のが嬉しい。1時間2,700円で家族風呂の貸切も可能。

◆営業時間／6:00～21:00(最終受付20:30)
◆料金／大人600円、中学生410円、小学生
260円、幼児無料　◆休館日／無休(但し設備
機器点検のため休みの場合あり)　◆住所／富
良野市島の下　◆TEL／0167-22-5700

INFORMATION

利用料金
■ 施設利用料
無料

利用時間
■ IN／フリー
■ OUT／フリー

管理人
9:00～17:00駐在

施設・設備
水洗トイレ、炊事場、管理棟、音
楽堂、テニスコート、パークゴル
フ場

宿泊棟

利用時間
■ IN／15:00
■ OUT／10:00

簡易宿泊施設ふれあいの家
■ テレビ、エアコン、バス、シャ
ワー、トイレ
■ 中学生以上3,300円、小学生
2,750円(各1名)、幼児は無料
だが寝具を要する場合は小学生
料金
※朝食予約制(800円)

アクセス
国道38号の富良野
市山部市街国道沿いに看板が
ありその表示に従い山裾に向
かうと現地がある

ワンポイント情報
●車の乗り入
れは不可で、入り口にリヤカー
が用意されているので利用を。
ゴミも基本持ち帰りなので注意

41

山々に囲まれた幻想的な水辺

カーサイト **フリーテントサイト** 宿泊棟 **和寒町**

水辺と自然林に囲まれたキャンプ場

和寒町南丘森林公園キャンプ場
わっさむちょうみなみおかしんりんこうえん じょう

住 所	上川郡和寒町字南丘		
T E L	☎0165-32-4151（管理棟）※事前予約は行っておりません	利用期間	5月上旬～9月末まで
期間外問合わせ先	和寒町役場産業振興課商工観光労政係　☎0165-32-2423		
U R L	https://www.town.wassamu.hokkaido.jp/industrial-development/commerce-tourism/attractions/forest-campground-minamioka/		

トイレ
水洗（洋・和式）

シャワー

夜間照明

炊事場

売店

飲食店

遊具

ペット

Wi-Fi

貯 水地と自然林に囲まれたキャンプ場。貯水池だが湖畔のような気持ちの良いロケーションだ。農業用貯水池のため7月中旬から徐々に水位を下げ8月末には水を抜いてしまうので、カヌー等の湖面利用を楽しみたい人は7月までがベスト。道具等の貸出は行っていないがカヌーや釣りが楽しめ、水辺のテラスや遊歩道での森林浴、夜は満天の星空など自然を満喫したい人におすすめのキャンプ場だ。

禁止・注意事項 遊泳、直火、花火、カラオケ、ペット。発電機の利用可（使用は22時まで）

親子で楽しめるおすすめポイント

カヌーや釣り、せせらぎ水路での水遊び、昆虫採集など自然に親しむことができる。天気の良い夜は天体観測もおすすめだ。

アウトドアスポーツの拠点としてカヌーを楽しめる

せせらぎ水路で水遊び

自然の中で昆虫採集

温泉情報♨

剣淵温泉レークサイド桜岡

キャンプ場から車で18kmに位置する温浴施設。アルパカ牧場も併設しており楽しめる。

- ◆営業時間／10:00～21:00
- ◆料金／大人500円、小人250円
- ◆休館日／無休
- ◆住所／剣淵町東町5141番地
- ◆TEL／0165-34-3100

INFORMATION

利用料金
■ 施設利用料
- ◆オートサイト／2,000円
- ◆フリーサイト／1,000円

利用時間
- ■ IN／13:00～
- ■ OUT／翌11:00（オートサイトのみ）

管理人
8:30～17:00駐在

施設・設備
水洗トイレ、炊事場、管理棟

アクセス
国道40号和寒町内から道道99号で約10km

ワンポイント情報
- ●原動機付ボート等は不可
- ●オートサイトは8区画と少ないが事前予約は行っていないので注意が必要。17時以降のキャンプ申請は翌朝に行うこと

達古武湖の青と周辺の緑とのコントラストが、なんともいえない開放感を与えてくれる

| カーサイト | フリーテントサイト | 宿泊棟 |

釧路町

釧路湿原にある快適なキャンプ場

達古武オートキャンプ場
（たっこぶ　じょう）

住　所	釧路町字達古武65-2		
TEL	☎0154-40-4448	利用期間	5月1日～10月31日
期間外問合わせ先	釧路町役場産業経済課　☎0154-62-2193		
URL	http://www.welcome-kushirocho.jp		

トイレ
水洗

シャワー

夜間照明

炊事場

売店

飲食店

遊具

ペット
禁止・注意
事項参照

Wi-Fi
FREE
センターハ
ウス内

道東ではトップに人気を誇るキャンプ場。ロッジ、バンガローフリーサイトからオートサイトまで一通りそろっており食堂や売店なども揃っているので安心して利用できる。キャンプ場を起点にカヌーや観光地など見て回れる場所もたくさんあるのが嬉しい。センターハウスにはまき炉がありゆっくりとした時間が流れる。売店には焼き肉用の材料も販売しているが野菜類は販売していないので持参しよう。

禁止・注意事項 直火不可、発電機、カラオケ、遊泳、花火は手持ちのみ、ペットは繋いで可（バンガロー・ロッジ室内は不可）

親子で楽しめる
おすすめポイント

カヌーレンタルやサイクルレンタルも完備しているので気軽にアウトドアが楽しめる。

ウッドデッキから景色を眺めれば、気分爽快、リフレッシュ!

木道散策で大自然を満喫

キャンプ場のセンターハウス

温泉情報♨ 天然温泉 ふみぞの湯

キャンプ場から車で21.5kmにある入浴施設。天然温泉の主浴槽や檜露天風呂、バイブラジェットバスなども楽しめる。

◆営業時間／10:00～23:00(最終受付22:50)
◆料金／大人450円、小学生140円、小人(0～6歳未満)70円 ◆定休日／なし
◆住所／釧路市文苑2丁目48-29
◆TEL／0154-39-1126

INFORMATION

利用料金
■ 入場料
大人100円(1名)、小学生・中学生50円(1名)
◆オートサイト／1区画1泊1,290円
◆フリーサイト／1区画5人まで640円

利用時間
■ IN／15:00～
■ OUT／翌10:00

管理人
24時間常駐

施設・設備
水洗トイレ、炊事場、センターハウス、シャワー、売店など

貸し用具
テント1泊1,100円、貸し寝袋1泊330円

宿泊棟

利用時間
■ IN／15:00～
■ OUT／翌10:00

ロッジ
1棟1泊3,780円(4人用)

簡易バンガロー
1棟1泊2,200円

アクセス
釧路東ICから国道391号を標茶方向へ進むと、国道沿いに案内表示があるのでそれに沿って進む

ワンポイント情報
●湖から釧路川へのカヌーの乗り入れはできないので注意が必要
●釧路湿原への観光拠点にも

2020年6月にリニューアルしたキャンプ場

カーサイト **フリーテントサイト** 宿泊棟 　　　　　**弟子屈町**

自然味あふれるキャンプ場

RECAMP 摩周
（リキャンプ ましゅう）

住　　所	弟子屈町桜ケ丘2-61-1		
問合せURL	https://www.recamp.co.jp/contact	利用期間	4月末〜10月末（予定）
期間外問合わせ先	なっぷ（下記HPにて対応）		
Ｕ　Ｒ　Ｌ	https://www.nap-camp.com/hokkaido/13251		

トイレ
水洗（洋式）

シャワー

夜間照明

炊事場
1棟

売店
レンタル品あり

飲食店

遊具

ペット
リードで必ずつなぐこと

FREE
Wi-Fi
バッテリーとのレンタル

弟子屈町市街から車で5分程度のキャンプ場なのでちょっとした買い物などがあってもすぐに行けるのが嬉しいキャンプ場だ。テントサイトやオートサイトの他にオートバイ・自転車用のフリーサイトもあり、区画サイトにはテントスペース用に土が盛り上げられているのが特徴だ。オートサイトには各区画にテーブルが設置されているのも便利だ。その他洗面所やランドリーなども設置しており連泊時にも嬉しい。

禁止・注意事項 直火、たき火、打ち上げ花火、カラオケ、発電機使用。手持ち花火は専用広場のみ可

親子で楽しめる おすすめポイント

広大なキャンプ場の他、野鳥を観察したり森林浴も楽しめる。少し足をのばせば摩周湖や硫黄山などの観光地も。

広大な芝生におおわれたフリーサイト

木々に囲まれた夜のキャンプ場風景

コインランドリーなどがある管理棟

温泉情報♨ 亀の湯

キャンプ場入口側にある銭湯だ。温泉の街弟子屈らしく銭湯でも天然温泉で朝からの営業も嬉しい。

◆営業時間／7:00〜19:00
◆料金／大人200円、中学生150円、小学生以下100円 ◆休館日／毎月5日、15日、25日
◆住所／弟子屈町桜丘2-3
◆TEL／015-482-2233

INFORMATION

利用料金
◆ハンモック付きプライベートサイト／4,400円〜
◆区画オートサイト／2,200円〜
◆フリーバイクエリア／800円〜
◆フリーサイト／800円〜
※料金、サイト名は変更の場合あり

利用時間
■IN／13:00〜17:00
■OUT／翌11:00〜

管理人
8:00〜17:00駐在（繁忙期は延長）

施設・設備
水洗トイレ（身障者用トイレにバリアフリー）、炊事場、管理棟

アクセス 弟子屈市街から道道53号にはいり桜橋を渡り左折すると小さいが案内看板あり

ワンポイント情報 ●摩周湖には15〜20分程度、屈斜路湖へも20分程度とキャンプの翌日に観光をするのにもうってつけのキャンプ場だ

大パノラマを楽しめるテントサイト

カーサイト **フリーテントサイト** 宿泊棟 **標茶町**

地平線が見える眺望抜群のキャンプ場

多和平キャンプ場
（たわだいらキャンプじょう）

住　所	川上郡標茶町多和		
T E L	☎**015-486-2806**（グリーンヒル多和）	利用期間	5月1日～10月31日
期間外問合わせ先	標茶町観光商工課　☎015-485-2111		
U R L	https://www.sip.or.jp/~tawa360/kankou-camp.html		

トイレ

シャワー

夜間照明

炊事場
1棟

売店

飲食店

道具

ペット

Wi-Fi

標茶町育成牧場内にあるキャンプ場で、夏場には2,900頭以上のホルスタインが放牧されておりサイトの横からは牛の鳴き声が聞こえて来て北海道らしい雰囲気を感じることができる。テントサイトでは、360°の大パノラマが楽しめ日没時には太陽が大地に沈んでいく様はきっと感動するだろう。周りが暗い事もありまるでプラネタリウムのような星が光り輝き、夜空も楽しめるので用具は必須だ。

禁止・注意事項 直火、たき火、打ち上げ花火、カラオケ、発電機使用

風景を楽しめる展望台

親子で楽しめるおすすめポイント

周辺には牛や羊が放牧されている。キャンプ場の横にあるグリーンヒル多和では、焼き肉やオリジナル料理を楽しむことができる。

シーズンになるとライダーも集まる

ゆったりとしたスペースでキャンプが楽しめる

温泉情報 ペンション熊牛（貸切専用風呂）

キャンプ場から約10kmにある、熊牛地区にあるペンションの貸切専用風呂です。サイズは少々小さいが貸切で入るのであれば充分な広さだ。

◆営業時間／8:00〜21:30
◆料金／大人300円
◆定休日／年中無休
◆住所／川上郡弟子屈町熊牛原野86-23
◆TEL／01548-2-2956

INFORMATION

利用料金
大人（高校生以上）380円、小人（小中学生）220円

利用時間
■IN／10:00〜17:00
■OUT／翌11:00

管理人
10:00〜17:00

施設・設備
水洗トイレ、炊事場、管理棟、売店など

アクセス
国道243号標茶町との境界に近い弟子屈町エリアから道道1040号に入り、途中にある多和平展望台の看板に従っていけば現地

ワンポイント情報
●レンタル品などはないので用具が揃っているキャンパー向けのキャンプ場だが併設している飲食店もあるので道具さえ揃っていれば安心できる

恵庭岳や風不死岳、樽前岳を望む支笏湖のほとりにある広々としたキャンプ場

カーサイト　**フリーテントサイト**　宿泊棟　　　　　**千歳市**

湖畔と芝生が選べるキャンプ場

モラップキャンプ場

住　所	千歳市モラップ		
T E L	☎0123-25-2201	利用期間	4月下旬～10月中旬
期間外問合わせ先	休暇村支笏湖　☎0123-25-2201		
U R L	http://www.qkamura.or.jp/shikotsu/camp/		

トイレ
水洗

シャワー

夜間照明

炊事場

売店

飲食店

遊具

ペット
禁止・注意
事項参照

FREE
Wi-Fi

西南岸にある美笛キャンプ場と並ぶ人気の施設。夏のハイシーズンだけではなく春・秋の週末もキャンパーの来訪がある。湖畔のフリーサイトは砂地の傾斜のあるサイトなので丈夫なペグが必要なので注意が必要だ。キャンプサイトは比較的静かにプライベートスペースを確保したいなら林に囲まれたテントサイトをおすすめ。湖でのアクティビティを楽しむなら湖畔でのキャンプが良いだろう。

禁止・注意事項　直火、カラオケ、遊泳は禁止。ペット条件（リード着用、吠えない、しつけをしている、他のお客様に迷惑をかけない）、花火は手持ちのみ21:00までOK

親子で楽しめるおすすめポイント

透明度の高い支笏湖畔で水遊びなどが楽しめる。車で15分程度で休暇村支笏湖もあるので帰りがけにそちらで楽しむのもいいだろう。

キャンプ場の正面には恵庭岳が見える。サイトは小砂利になっている

休暇村支笏湖では日帰り入浴も楽しめる

清潔なトイレも完備している

温泉情報 休暇村支笏湖

入浴着、コンセルの貸し出しもしておりシャンプーやボディソープも完備している温泉。

◆営業時間／11:00〜15:00(火・水曜は13:00〜15:00) ◆料金／大人800円、小人400円、幼児200円 ◆定休日／なし
◆住所／千歳市支笏湖温泉
◆TEL／0123-25-2201

INFORMATION

利用料金
大人1,000円、小学生700円、幼児500円

利用時間
■ IN／13:00〜17:00
■ OUT／翌11:00

管理人
8:00〜17:00駐在

施設・設備
水洗トイレ、炊事場、管理棟、売店など

貸し用具
貸し出しテント4,500円(要予約)

至札幌
オコタンペ湖
至札幌
453
恵庭岳
支笏湖
至千歳市街
16
453
通行止め
×
モラップキャンプ場●
276
至苫小牧
至大滝
風不死山
276
樽前山

アクセス
札幌から国道453号を経由し支笏湖温泉街を通り、苫小牧方向へ向かう国道276号の分岐を美笛方面に右折すると右手に案内板が見えてくるのでそれに従い湖岸に入ると現地

ワンポイント情報
●キャンプ場の手前には軽食を食べられる食堂と売店もある

砂場と林間のサイトを自由に選べるが、やはり湖に面した砂場がおすすめ

カーサイト **フリーテントサイト** 宿泊棟　　　　　　千歳市

野趣あふれる湖畔のキャンプ場

美笛キャンプ場
(び ふえ じょう)

住 所	千歳市美笛		
T E L	☎090-5987-1284（期間中）	利用期間	5月上旬〜10月中旬（例年）
期間外問合わせ先	千歳市観光課　☎0123-24-0366		
U R L	http://www.shikotuko.jp/		

トイレ　　　シャワー　　　夜間照明
水洗　　　　有料

炊事場　　　売店　　　飲食店
2棟

　遊具　　　ペット　　Wi-Fi
ゲージ又は
リードの着用

テントサイトに車の乗り入れが可能でペット同伴も可能なキャンプ場。車で乗り入れた場合、カーサイトの設備は特にないので注意が必要だ。場内は草と土のサイトと湖岸の砂地のサイトに分かれており湖でのアクティビティを楽しむのであれば是非湖岸にテントを設営したいところ。シーズン中の週末は非常に混雑し、入場できないことも想定される。シーズン中に訪れるのであれば平日がお勧めだ。

禁止・注意事項 直火、たき火（焚火台は使用可）、手持ち花火のみ 21:00まで、発電機、カラオケ、ペットはリード必須

湖畔でのアクティビティを泊りではなくデイキャンプでも楽しむのもおすすめ。

広々とした林間のサイトは季節の移り変わりを楽しむこともできる

入り口ゲートの横に建つセンターハウス

炊事場は2か所設置

 温泉情報♨

休暇村支笏湖

入浴着、コンセルの貸し出しもしておりシャンプーやボディソープも完備している温泉です。

◆営業時間／11:00〜15:00
◆料金／大人800円、小学生400円、幼児（4歳以上）200円 ◆定休日／調査中
◆住所／千歳市支笏湖温泉
◆TEL／0123-25-2201

INFORMATION

利用料金
大人1,000円、小・中学生500円、幼児（4歳以上）200円、4歳未満無料

利用時間
- IN／7:00〜19:00
- OUT／翌7:00〜11:00

管理人
期間中24時間常駐（受付は7:00〜19:00のみ）

施設・設備
バリアフリー（トイレ、管理棟玄関）、水洗トイレ、炊事場、管理棟、ランドリー、売店など

貸し用具
貸しテントあり（数に限りがあるため要予約） ※コロナ感染症対策のため、貸し出しについては要問い合わせ

アクセス 国道276号をモラップから大滝方向へ進むと湖畔外れに案内板が見えるのでそれに従いダート道を進むと現地

ワンポイント情報 ●個別サイトや個別の炊事設備や電気設備もないので事前準備などをしっかりと

湖岸の砂浜サイトで、気軽に水遊びができる

カーサイト　フリーテントサイト　宿泊棟　七飯町

大沼湖畔の眺望と静粛さで人気のキャンプ場

東大沼キャンプ場
（ひがしおおぬま じょう）

住　所	七飯町東大沼		
T E L	☎0138-47-9439（予約不要）	利用期間	4月下旬～10月下旬（2021年は未定）
期間外問合わせ先	北海道渡島総合振興局環境生活課自然環境係　☎0138-47-9439		
U R L	なし		

トイレ
水洗

シャワー

夜間照明

炊事場

売店

飲食店

遊具

ペット

FREE Wi-Fi

　林間の芝生サイトと湖畔の砂浜サイトに分かれているキャンプ場。あわせて100張程度は可能だが、無料の事もあり数多くのキャンパーが訪れて夏期は混雑するので早めにスペース確保をしたい。直火での火の使用は禁止されており焚火台が2台設置されているので楽しむことはできる。自然に囲まれておりカラスや朝方にはキツネなどが現れるので食材の管理などはしっかりした方がよさそうだ。

禁止・注意事項 直火、たき火、打ち上げ花火、発電機、カラオケ、ゴミは持ち帰り

あまり大きくはないが石で水のまわりを囲んだ遊水地があり、水深も浅くきれいな水なので安心して子どもを遊ばせる事ができる。

木々に囲まれた林間の芝生サイトは快適に過ごせる

キャンプ場近くにある大型看板

屋根付きの炊事場なので快適に調理ができる

温泉情報 駒ヶ峯温泉 ちゃっぷ林館

キャンプ場からおよそ8.3kmに位置する。駒ヶ岳を眺められる露天風呂や、館内には食堂もある。

◆営業時間／10:00〜21:00（最終受付20:30）
◆料金／大人430円、65歳以上380円、小学生以下220円、3歳以上110円　◆定休日／不定休
◆住所／茅部郡森町駒ヶ岳657-16
◆TEL／01374-5-2880

INFORMATION

利用料金
なし

利用時間
定めていない

管理人
不在

施設・設備
水洗トイレ、炊事場

アクセス 国道5号から大沼周遊道路に入り、時計まわり約7kmの湖畔に現地

ワンポイント情報 ●湖畔ではカヌーや釣りを楽しむ人も多いがレンタル品は無いので道具は要持参
●ゴミは持ち帰りなので要注意

広大な芝生におおわれ点在する樹木が爽やかな木陰を作るキャンプ場

カーサイト　フリーテントサイト　宿泊棟　　　　八雲町

遊び場充実のキャンプ場

熊石青少年旅行村
（くまいしせいしょうねんりょこうむら）

住　所	八雲町熊石平町		
TEL	☎01398-2-3716	利用期間	4月下旬〜9月末
期間外問合わせ先	八雲町熊石総合支所産業課商工観光労働係　☎01398-2-3111		
URL	http://www.town.yakumo.lg.jp/modules/tmap/index.php?lid=106		

トイレ
水洗（洋・和式）、バリアフリー対応

シャワー

夜間照明

炊事場
3棟

売　店

飲食店

遊　具

ペット

FREE Wi-Fi

海が見える丘の上にある眺望の良いキャンプ場。広大な敷地にはバンガローやケビン、特徴的なデザインのきのこログが整備されている。施設内には小さな子どもでも安心なちゃぷちゃぷ公園での水遊びや、ローラー滑り台などの遊具施設・森林浴やすぐ下の川での釣りなども楽しめるので子ども達が遊び足りない事はなさそうだ。施設に隣接して温浴施設があり非常に充実したキャンプ場になる。

禁止・注意事項　直火、花火、発電機、カラオケ

親子で楽しめる おすすめポイント

ちゃぷちゃぷ公園の水遊び場は時によっては流れが速い事もあるので保護者と一緒に楽しんで欲しい。キャンプ場内に、非常に長いローラー滑り台などもあるので十分楽しめる。

ちゃぷちゃぷ公園では小さな子どもでも楽しめる

バッテリーカーでも遊べる

キャンプ場から約4.5km程上流に位置する「露天風呂 熊の湯」

 温泉情報 **熊石ひらたない荘**

キャンプ場から徒歩5分程度に隣接する温泉で露天風呂やジャグジーなども楽しめる。

◆営業時間／11:00〜22:00
◆料金／大人500円(13歳以上)、中人220円(12歳以下) ◆定休日／無休
◆住所／二海郡八雲町熊石平町329-1
◆TEL／01398-2-4126

INFORMATION

宿泊棟

利用料金

■ **入村料**
高校生以上450円、小中学生220円

■ **持ち込みテント料**
1張1泊[3人用以下]670円、[4人用以上]900円

利用時間

■ IN／14:00〜
■ OUT／翌10:00

管理人
8:00〜17:00駐在

施設・設備
水洗トイレ、炊事場、バーベキューコーナー、管理棟

貸し用具
毛布は有料390円。ビーチサンダル、水めがねは無料

利用時間

■ IN／14:00〜
■ OUT／翌10:00

ケビン

■ **5人用**
1棟10,470円〈総数5〉住宅タイプ

ツリーハウス

■ **5〜6人用**
5,230円〈総数10〉

バンガロー

■ **4人用**
5,230円〈総数5〉

きのこログ

■ **5人〜6人用**
5,230円〈総数4〉各照明付

 至八雲市街

 熊石青少年旅行村

至江差

アクセス 国道229号を乙部町側から大成方面に進み、国道227号の分岐を過ぎてすぐに右手側に旅行村の案内が見え表示に従って1km程で現地

ワンポイント情報 荷物運搬はリヤカーでの運搬なので注意
●キャンプ場近くにはパークゴルフ場もあり親子で楽しめる。1日券310円

自然に囲まれているフリーテントサイト

カーサイト　フリーテントサイト　宿泊棟　　　　　　豊浦町

ファミリーで楽しめる施設のキャンプ場

豊浦町森林公園キャンプ場

住　所	豊浦町礼文華526-1		
TEL	☎0142-85-1120	利用期間	4月下旬～10月下旬
期間外問合わせ先	噴火湾とようら観光協会　☎0142-83-2222		
URL	https://toyoura-feel.com/camp/		

トイレ
水洗

シャワー

夜間照明

炊事場

売店

飲食店

遊具

ペット
禁止・注意
事項参照

Wi-Fi

　い こいの森、よろこびの森、いきがいの森、ふれあいの森の4つに分かれている、広さ20.2haの広さがありそのなかのいこいの森がキャンプ場になっている。テントサイトは平坦な芝生で、日当たりも良く開放感が非常にある。施設内には大きな池や遊具などがあり家族で楽しめる。夏には昆虫採集や秋の木の実拾いなどもおすすめだ。

禁止・注意事項　カラオケ、たき火と花火は指定場所でOK、ペットはバンガロー内の入室不可

親子で楽しめる おすすめポイント

施設内にある、チャプチャプ池は小さな子どもにぴったりの遊び場。時間を忘れて遊んでしまうのでは。

雨風をしのげる木立の中の高屋根の炊事場

バンガロー周辺はバードウォッチングにも最適

秋には紅葉が楽しめる

温泉情報 天然豊浦温泉 しおさい

キャンプ場から約15kmの豊浦漁港そばの温浴施設。海を臨みながら入れる大浴場や露天風呂なども。

◆営業時間／10:00～21:00(最終受付20:30)、夏季営業時間(7月中旬～8月中旬)9:00～22:00(最終受付21:30)
◆料金／大人600円(中学生以上)、小人200円(3歳以上・就学前)、幼児無料(3歳未満・保護者同伴) ◆定休日／なし
◆住所／虻田郡豊浦町字浜町109 ◆TEL／0142-83-1126

INFORMATION

利用料金
■ 持ち込みテント料
1張1泊500円

利用時間
■ IN／13:00～17:00
■ OUT／翌12:00

管理人
8:45～17:00駐在

施設・設備
水洗トイレ、炊事場、管理棟、パークゴルフ(有料)など

貸し用具
貸しテント、パークゴルフ用品など有料

宿泊棟

利用時間
■ IN／13:00～16:00
■ OUT／翌12:00

バンガロー
◆1棟4,000円(照明・電源付)

アクセス 国道37号を豊浦町へ、道道609号との分岐から礼文華海岸へ向かうと案内板があり、そこからおよそ3km

ワンポイント情報 ●防波堤からの釣りや本格的な楽しめるポイントにもなっている
●その他シーズンであれば近郊でいちご狩りなども楽しめる

湖畔を見渡せるサイト

カーサイト フリーテントサイト 宿泊棟 　　　　　　　　　洞爺湖町

洞爺湖を一望できる、快適施設のキャンプ場

グリーンステイ洞爺湖

住　所	洞爺湖町月浦56		
T E L	☎0142-75-3377	利用期間	4月下旬～10月下旬
期間外問合わせ先	洞爺湖町観光振興課　☎0142-75-4400		
U R L	http://www.town.toyako.hokkaido.jp/tourism/outdoor_camp/		

トイレ
水洗

シャワー
有料

夜間照明

炊事場
4棟

売店

飲食店

遊具

ペット
禁止・注意
事項参照

FREE
Wi-Fi

　道内でも老舗のキャンプ場だがオート専用キャンプ場のこともあり設備は非常に充実している。札幌からも2時間半程度、函館からも3時間半程度とアクセスも良く観光の拠点にしてもいいだろう。サイト全体が傾斜地なので見通しの良い場所は競争率が非常に高いので注意が必要。ロッジ、キャビン、バンガローと宿泊施設は3タイプあるので目的に応じて選ぶのがおすすめだ。

禁止・注意事項　直火、打ち上げ花火、カラオケ、発電機、ペットは要リード（建物内はケージ等で）、たき火は条件付きで可能（要相談）

親子で楽しめるおすすめポイント

洞爺湖のロングラン花火大会は遊覧船で見るもよし、湖畔で見るもよし。毎日20時45分から15分程行われる。

100区画以上あるカーサイト

売店、ランドリーもあるセンターハウス

ボール遊びも楽しめる多目的広場

温泉情報 洞爺観光ホテル

キャンプ場から4km、車で約5分の距離にあるホテル。キャンプ場カウンターに割引券があるので利用するとお得。

◆営業時間／日帰り入浴13:00〜21:00、朝の営業7:00〜10:00　◆料金／大人（中学生以上）750円、子供（小学生以下）450円　◆定休日／年中無休　◆住所／洞爺湖町洞爺湖温泉33　◆TEL／0142-75-2111

INFORMATION

利用料金
◆オートサイト（電源無し）／4,000円〈総数105〉
◆オートサイト（電源あり）／5,000円〈総数12〉
◆キャンピングカー専用（電源あり）／6,000円〈総数7〉
◆二輪車専用／700円
※1サイトあたり200円のゴミ処理料別途（二輪車100円）

利用時間
■IN／13:00〜18:00
■OUT／翌12:00

管理人
期間中24時間常駐

施設・設備
水洗トイレ、炊事場、管理棟（売店・コインシャワー〈5分100円〉・コインランドリー）、バリアフリー（トイレ2カ所）

貸し用具
テントなど各種有料にて

宿泊棟

利用時間
ロッジ
■IN／13:00〜
■OUT／翌10:00
キャビン、バンガロー
■IN／13:00〜
■OUT／翌11:00

ロッジ
■定員10名
15,000円

キャビン
■定員6名
10,000円

バンガロー
■定員4名
8,000〜8,500円

アクセス 国道230号又は洞爺湖ICから洞爺湖畔沿いに現地

ワンポイント情報 売店では生鮮品を除く食料品や飲料品キャンプ用品を販売している（7:00〜20:00）

湖畔にあるオートサイトの他、フリーサイトも見晴らし充分

カーサイト **フリーテントサイト** **宿泊棟**　　　　　**洞爺湖町**

豊かな自然に囲まれたキャンプ場

洞爺水辺の里財田キャンプ場
とうやみずべ さとたからだ じょう

住　所	洞爺湖町財田6		
ＴＥＬ	☎0142-82-5777	利用期間	4月下旬～10月下旬
期間外問合わせ先	下記HPを参照		
ＵＲＬ	http://www.town.toyako.hokkaido.jp/tourism/outdoor_camp/odc002/		

トイレ
水洗

シャワー
有料

夜間照明

炊事場
5棟

売　店

飲食店

遊　具

ペット

Wi-Fi

洞爺湖の中島を挟んだ対岸にあるキャンプ場。フリーサイトからケビンまで5つで構成されていてケビンは貸し別荘のような洒落たスタイルで、快適に過ごすことができる。施設内の財田自然体験ハウスでは、周期的に行っている自然探訪イベントや木工モノづくり体験等ができるので、ファミリーにも嬉しいキャンプ場となっている。

禁止・注意事項 直火、たき火、打ち上げ花火、カラオケ、楽器の演奏、発電機、ペットはマナー厳守の上ケビン宿泊者は同行不可

62

親子で楽しめる
おすすめポイント

洞爺湖で小魚を捕まえること
などや遊具・遊歩道、自然体
験ハウスなども整備されてい
る。

電源・ベンチテーブル付のキャンピングカーサイトは、6区画用意

センターハウスにはシャワー室や売店など

フリーキャンプサイト

温泉情報 洞爺いこいの家

車で4km程走ると町営温
泉のいこいの家がある。

◆営業時間／11:00〜21:00（最終受付20:30）
◆料金／大人450円、小学生140円、乳幼児70円
◆定休日／第1、3月曜（祝日の場合翌日）
◆住所／洞爺湖町洞爺町199
◆TEL／0142-82-5177

INFORMATION

利用料金

■入場料
1人1泊大人1,000円、小人500
円　※フリーサイトを利用する
場合で駐車場利用の場合駐車
場維持費として1台1泊800円
◆キャンピングカーサイト／1サ
イト1泊3,300円（電源・ベンチ
テーブル）
◆プライベートサイトA／1サイ
ト1泊2,200円（100㎡）
◆プライベートサイトB／1サイ
ト1泊1,100円（50㎡）
◆オープンサイト／1サイト1泊
1,200円

利用時間
■IN／13:00〜18:00
■OUT／翌11:00

管理人
期間中24時間常駐

施設・設備
水洗トイレ、炊事場、管理棟、売
店、バリアフリー（トイレ棟、ケビ
ン）、ドッグランなど

貸し用具
テントなど各種有料にて

宿泊棟

利用時間
■IN／14:00〜18:00
■OUT／翌10:00

コテージ
◆1泊1棟18,000円（6人分寝
具、バス・トイレ付）

洞爺水辺の里
財田キャンプ場

アクセス 洞爺湖畔道路を壮
瞥町方向に進むとおよそ2kmで
現地

ワンポイント情報 ●軽食レストラ
ンなども併設しており利便性が
高いキャンプ場

整備された芝で広々と遊ぶことができる

カーサイト **フリーテントサイト** **宿泊棟** **白老町**

野趣あふれるキャンプ場

白老ふるさと2000年の森 ポロトの森キャンプ場

住　所	白老町白老国有林		
T E L	☎0144-85-2005	利用期間	4月〜11月
期間外問合わせ先	白老観光協会　☎0144-82-2216		
U R L	http://www.jbbqc.com/poroto_camp/info.html		

トイレ
水洗（洋・和式）

シャワー

夜間照明

炊事場

売店

飲食店

遊具

ペット

Wi-Fi

ポロト湖の国有林にあり湿原や森に囲まれた自然環境が良いキャンプ場だ。インフォメーションセンターには有料の自転車やカヌーなどもあり家族みんなでアウトドアを楽しむ事ができる。ポロト湖へ続く湿地帯沿いにはサイクリングロードも整備されており快適に楽しめる。その他バンガローも整備されているので小さな子どもや年配の方がいてテントで過ごすのが難しい場合でも安心して過ごすことができる。

禁止・注意事項 直火、たき火、花火、カラオケ、発電機、ペット

親子で楽しめる おすすめポイント

森林生態の観察や釣りなども楽しめるので道具を持参して楽しむのもおすすめだ。

浮き橋を渡って散策すれば自然を感じられる

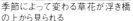

季節によって変わる草花が浮き橋の上から見られる

運が良ければ小動物に会える

温泉情報 ♨ 温泉ホテルオーシャン

キャンプ場から16.4km車で24分程度にある源泉かけ流し100%温泉の浴場。

- ◆営業時間／10:00～20:00
- ◆料金／大人520円、小人320円
- ◆定休日／年中無休
- ◆住所／白老町字竹浦111番地
- ◆TEL／0144-87-3688

INFORMATION

利用料金
大人（高校生以上）400円、小人（小中学生）300円

利用時間
■IN／9:00～17:00（7～8月：8:00～20:00)
■OUT／翌10:00

管理人
9:00～17:00（7～8月：8:00～20:00）駐在

施設・設備
水洗トイレ、炊事場、管理棟、常設炉など

貸し用具
手ぶらでキャンプセット8,000円の他、単品有料で貸し出しあり

宿泊棟

利用時間
■IN／15:00～
■OUT／翌10:00

バンガロー
1泊1棟5,000円（最大6人）〈総数5〉テーブル、イス、暖房、照明、電源

白老ふるさと2000年の森 道央自動車道
ポロトの森キャンプ場

白老I.C
ポロト湖
ウポポイ●
86
白老川
しらおい○
●コープさっぽろ
室蘭本線

アクセス 白老駅前で右折すると、看板がありそれに従い左折し直進すると現地

ワンポイント情報 ●荷物の搬入時は車の乗り入れが可能 ●トイレは2カ所中1カ所のみ水洗

開放感あるオートキャンプ場

カーサイト　**フリーテントサイト**　**宿泊棟**　　　　**苫小牧市**

5つ星指定の高規格キャンプ場

オートリゾート苫小牧アルテン
（とまこまい）

住　所	苫小牧市字樽前421-4		
T E L	☎0144-67-2222	利用期間	通年営業
期間外問合わせ先	上記にて対応		
U R L	http://www.dp-flex.co.jp/arten/		

トイレ
水洗

シャワー
無料

夜間照明

炊事場
8棟

売店

遊具

ペット
禁止・注意
事項参照

Wi-Fi
センターハ
ウス内のみ

飲食店
ワンポイント
情報参照

日本オートキャンプ協会から5つ星指定を受けている優良高規格オートキャンプ場だ。236.9haの広さで200台以上の車が収容可能で快適設備も充実しているので気持ちよく過ごすことができるだろう。オートサイトの他にログハウス、キャビン、ロフトハウス、デッキハウス、バンガローと宿泊施設も充実しており道内客だけではなく道外客にも人気のキャンプ場になっている。

禁止・注意事項　直火、花火（花火コーナーのみ可）、カラオケ、発電機は禁止。ペットは一部サイト許可（場内ではノーリード禁止）

親子で楽しめる
おすすめポイント

隣接する錦大沼ではカヌー体験を行う事も可能。その他にアウトドア施設も充実している。

パークゴルフも楽しめる

屋外遊具も設置してある

場内にある「ゆのみの湯」

温泉情報 ゆのみの湯

キャンプ場に隣接しており、大浴場の他に露天風呂やサウナなどもある。

◆営業時間／10:00～22:00
◆料金／大人600円、小学生300円
◆定休日／毎月第3水曜(祝日と重なる場合変更になる事がある) ◆住所／苫小牧市字樽前421-4 ◆TEL／0144-61-4126

INFORMATION

利用料金

◆キャンピングカーサイト／6,300円〈総数53〉電源、上下水道
◆個別テントサイト／5,775円〈総数21〉電源
◆個別テントサイト／4,200円～5,250円〈総数87〉
◆セミオートサイト／3,150円〈総数48〉
※冬期は値段が異なりますのでお問い合わせ下さい

利用時間

■IN／[サイト]12:30～17:00
■OUT／翌8:00～11:00

管理人

期間中24時間常駐

施設・設備

水洗トイレ、炊事場、センターハウス(シャワー・ランドリー・売店)、バリアフリー(デッキハウス、センターハウス、み

ずなら、からまつサイト、トイレ棟)など

貸し用具

テント、寝袋、マット、ランタンなど各種有料

（ 宿泊棟 ）

利用時間

■IN／14:30～17:00
■OUT／翌8:00～11:00

ログハウス

1泊1棟24,000円(6人用)〈総数3〉風呂付、寝具完備

デッキハウス

1泊1棟23,000円(6人用)〈総数2〉寝具完備。バリアフリー対応・風呂付

キャビン

1泊1棟18,000円(9人用)〈総数10〉トイレ、キッチン

ロフトハウス

1泊1棟14,500円(5人用)〈総数3〉トイレ、キッチン、ロフト付

バンガロー

1泊1棟9,000円(4人用)〈総数10〉流し台・2段ベッド付き
※冬期は値段が異なりますのでお問い合わせ下さい

アクセス

苫小牧西ICを降りて道道781号を白老方面へ。突き当りのT字路を右折し直進すると現地

ワンポイント情報

隣接する「ゆのみの湯」には源泉かけ流しの露天風呂がある。施設内にレストランもあるので便利

芝生が広がるテントサイトと木々に囲まれたオートサイトから選べる

カーサイト　フリーテントサイト　宿泊棟　　　　むかわ町

「できるだけ自然のまま」がテーマのキャンプ場

穂別キャンプ場

住　所	勇払郡むかわ町穂別稲里553		
ＴＥＬ	☎0145-45-3244	利用期間	5月上旬〜10月下旬
期間外問合わせ先	穂別総合支所産業グループ　☎0145-45-2115		
ＵＲＬ	http://www.town.mukawa.lg.jp/2646.htm		

トイレ
水洗

シャワー

夜間照明

炊事場

売店

飲食店

遊具

ペット
禁止・注意
事項参照

FREE
Wi-Fi

キャンプ場は自然と触れ合う場所であるの良さを大切にしているキャンプ場。場内を流れるサヌシュペ川では川に入って遊ぶこともできる。広大なフリーサイトだけではなく冒険の森・スラックラインなどもあり遊びには事欠かない。バンガローにはラスカルやムーミンなどの名前がついておりキャンプの非日常感を盛り上げてくれる。車いすタイプのバンガローや管理体制もしっかりしているのが嬉しい。

禁止・注意事項 直火、たき火、打ち上げ花火、カラオケ、発電機、ペットは駐車場のみ可

親子で楽しめる おすすめポイント

冒険の森では、ターザンロープがあり、川には魚がいるので子どもと一緒に遊んでみては。

サヌシュペ川での水遊びの様子

雨・風の心配がない丈夫な作りの炊事場

自然豊かで鹿と遭遇できるかも

温泉情報 樹海温泉はくあ

キャンプ場からはおよそ2kmに位置する。露天風呂や軽食も楽しめる休憩所がある。

◆営業時間／11:00～19:00(7月第3金曜～8月第3日曜は10:00～21:00・12月は13:00～19:00) ◆料金／大人520円、小学生300円、幼児無料 ◆定休日／毎週火曜(7月第3金曜～8月第3日曜は無休・定休日が祝日の場合翌日休み)※1月～3月は休業 ◆住所／むかわ町穂別稲里417-1 ◆TEL／0145-45-2003

INFORMATION

利用料金
◆フリーサイト(持込テント)／大(団体用)2,100円、小(家族用)1,100円、ミニ(ライダー用)600円
◆オートサイト、簡易オートキャンプサイト／2,400円

利用時間
■IN／13:00～
■OUT／翌11:00

管理人
9:00～17:00(繁忙期8:00～18:00)駐在

施設・設備
簡易水洗トイレ、炊事場、センターハウス(売店・受付窓口)

貸し用具
毛布・マットなど各種有料

宿泊棟

利用時間
■IN／15:00～
■OUT／翌10:00

バンガロー
■大
9,300円(10～16名用)〈総数3〉
■中
6,900円(8～10名用)〈総数3〉車いす対応型
■小
5,600円(4～5名用)〈総数7〉
■ミニ
2,900円(3～4名用)〈総数5〉

ツリーハウス
■4～5名用
4,200円〈総数4〉

アクセス 国道274号を新夕張から帯広方向およそ15km進んだ国道沿いが現地。むかわ穂別ICからは札幌方面へ約9km

ワンポイント情報 ●センターハウスには、バーベキューセットや調味料などかなり充実しており季節によっては地域商品なども取り揃えている

雄大な自然を活かしたキャンプ場

カーサイト　フリーテントサイト　宿泊棟　　　　平取町

ホタルが舞う、広々としたキャンプ場

ニセウ・エコランドオートキャンプ場

住　所	沙流郡平取町字岩知志67-6		
T E L	☎01457-3-3188	利用期間	4月下旬～10月下旬
期間外問合わせ先	平取町振内支所　☎01457-3-3211		
U R L	http://www.town.biratori.hokkaido.jp/kankou/spot/spot9/		

トイレ
水洗

シャワー
有料

夜間照明

炊事場
2棟

売店

飲食店

遊具

ペット

Wi-Fi

沙 流川支流のニセウ（仁世宇）川沿いにある、オートサイトと、二輪用フリーサイトで構成されるキャンプ場。この渓流は釣りの名所になっている。7月～8月には、サイトの近くをホタルが飛び交い幻想的な風景が広がる。20時～22時は場内の照明が落とされキャンパーにも電気の光を落とすように呼びかけているので協力してホタルを楽しんで欲しい。パークゴルフ場もあり充実した遊びが満喫できる。

禁止・注意事項　直火、たき火、花火、カラオケ、発電機、ゴミの投げ捨て禁止

親子で楽しめる おすすめポイント

野生ホタルの鑑賞・パークゴルフ、隣接する釣り堀ではヤマメ釣りやヤマメ料理が満喫でる。

すべて電源無しのオートサイトになっている

渓流釣りの名所、ニセウ川

気軽に楽しめるパークゴルフ場

温泉情報　びらとり温泉 ゆから

キャンプ場からはおよそ20kmに位置する二風谷ファミリーランドにある天然温泉。

◆営業時間／10:00～22:00（最終受付21:30）　◆料金／大人500円、小学生140円、幼児無料　◆定休日／年中無休
◆住所／平取町字二風谷92-6
◆TEL／01457-2-3280

INFORMATION

利用料金
◆オートサイト／1泊1区画
[1～5人] 2,000円、[6～10人] 2,500円〈総数37〉
◆フリーサイト／1泊1張
[1～5人] 500円、[6～10人] 1,000円
◆コインシャワー100円（5分間）

利用時間
■IN／13:00～17:00
■OUT／翌11:00

管理人
9:00～17:00駐在
※火曜定休。繁忙期は常駐

施設・設備
管理棟（水洗トイレ、身障者用トイレ、コインシャワー）、炊事棟（炊事場、水洗トイレ）／2棟

宿泊棟

利用時間
■IN／13:00～17:00
■OUT／翌11:00

バンガロー
■1泊1棟
[1～5人] 3,000円、[6～10人] 3,500円〈総数4棟〉照明・電源あり

ニセウ・エコランド
オートキャンプ場

仁世宇園

幌去橋

沙流川

至日高市街

至平取・びらとり温泉

アクセス　振内市街地中心部より約3km先の幌去橋を渡ってすぐ左側に案内看板あり

ワンポイント情報　●サイトの近くで川遊び、昆虫採集などができ、自然豊な場所。虫が苦手な人は防虫対策をしっかりとした方がいいだろう

独特のスタイルのテント床スタイルのサイト

カーサイト **フリーテントサイト** **宿泊棟**　　　　　**新冠町**

遊びがいっぱいのキャンプ場

判官館森林公園キャンプ場
（はんがんだてしんりんこうえん）（じょう）

住　所	新冠郡新冠町字高江		
T E L	☎0146-47-2193	利用期間	4月下旬～10月下旬
期間外問合わせ先	新冠町役場企画課　☎0146-47-2498		
U R L	http://www.niikappu.jp/sangyo/kanko/asobu/kouen.html		

トイレ
水洗

シャワー

夜間照明

炊事場
2棟

売店

飲食店

遊具

ペット

Wi-Fi

海と山に囲まれた66haの比較的大きな森林公園内の特徴的なスタイルのテントサイトを持つキャンプ場。施設内には、たこっぺ湿原、冒険広場、フラワーヒルなど多くの施設があり色々と楽しむ事ができ飽きることは無く過ごすことができるだろう。これらは遊歩道で繋がっており次々と違う景色を楽しめ遊びに移動するのも利便性が高く快適だ。

禁止・注意事項 直火、たき火、打ち上げ花火、カラオケ、発電機、ペット不可

親子で楽しめる おすすめポイント

キャンプ場の前には広大な芝生が広がり、アスレチック遊具やフラワーヒルなどの施設でのびのびと体を動かすことができる。

森林公園の自然を活かしたキャンプ場

屋根付きの炊事場があるので雨の時も便利

宿泊者は無料で利用できるバーベキューハウスもある

 温泉情報 　新冠温泉 レ・コードの湯

キャンプ場からはおよそ5kmに位置する温泉。露天風呂からは海が眺められ眺望抜群だ。

◆営業時間／5:00～8:00、10:00～22:00
◆料金／大人500円、小学生300円、幼児無料　◆定休日／無休
◆住所／新冠郡新冠町字西泊津16-3
◆TEL／0146-47-2100

INFORMATION

利用料金
テント1張600円（タープ・スクリーン利用時は別途1張分加算）

利用時間
■IN／12:00～17:00
■OUT／翌10:00

管理人
8:00～17:00駐在

施設・設備
水洗トイレ、炊事場、管理棟など

貸し用具
テント5人用1,000円

宿泊棟

利用時間
■IN／12:00～17:00
■OUT／翌10:00

バンガロー
1泊1棟5,600円〈総数9〉
※要予約

アクセス　国道235号新冠市街から約3km日高町よりの沿道に入口案内看板あり

ワンポイント情報　●キャンプ場利用者には「新冠温泉 レ・コードの湯」の入浴割引券のプレゼントがある
●バンガロー利用時は要予約なので注意が必要だ

木陰で快適なキャンプができるようにされたオートサイト

カーサイト　フリーテントサイト　宿泊棟

えりも町

落ち着いた雰囲気のキャンプ場

えりも町百人浜オートキャンプ場
ちょうひゃくにんはま　　　　　　　　　じょう

住　所	幌泉郡えりも町庶野102		
TEL	☎01466-4-2168	利用期間	4月20日～10月20日
期間外問合わせ先	えりも町産業振興課 商工観光係　☎01466-2-4626		
URL	https://www.town.erimo.lg.jp/kankou/pages/k9mfea0000000bxo.html		

トイレ
簡易水洗
(和式)

シャワー
有料

夜間照明

炊事場
2棟

売店

飲食店

遊具

ペット

FREE
Wi-Fi

とても静かで夜にはきれいな星空を望むことができるキャンプ場で景勝地・襟裳岬があることから道外からのキャンパーも多い。オートキャンプ場となってはいるがフリーサイト・バンガローと宿泊施設が整備されており満足のいくキャンプを楽しめるだろう。キャンプ場からすぐの百人浜では海釣り、徒歩5分の非恋沼では海浜植物が群生しており自然観察も楽しめるだろう。

禁止・注意事項　直火、たき火、打ち上げ花火、カラオケ、発電機、テントエリア内でのタープ

親子で楽しめる おすすめポイント

キャンプ場から約8kmにあるえりも岬の「風の館」(有料)では、えりも岬を室内から展望でき風速25m/sの風を体験できるコーナーもある。

大型車専用のサイトは3区画あり(AC電源付き)

貸し用具やシャワーの利用は管理棟まで

隣接しているパークゴルフ場

温泉情報 高齢者センター

キャンプ場から約200mに位置する入浴施設。温泉ではないが20人程度は入浴できる施設だ。

◆営業時間／11:00〜19:00(7月〜9月は20:00まで)
※入館は営業時間終了の30分前まで
◆料金／大人300円、小学生150円
◆定休日／月曜、年末年始　◆住所／幌泉郡えりも町字庶野102　◆TEL／01466-4-2177

INFORMATION

利用料金
◆フリーテントサイト／[持込テント]大人310円、小人200円、
◆オートサイト／3,190円(20A電源・かまど付1区画)

利用時間
■IN／13:00〜19:00
■OUT／翌7:00〜10:00

管理人
10:00〜19:00駐在

施設・設備
簡易水洗トイレ、炊事場、管理棟(シャワー・ランドリー)、身障者用トイレ(バリアフリー)など

貸し用具
テント(4人用)1,050円

宿泊棟

利用時間
■IN／13:00〜19:00
■OUT／翌7:00〜10:00

バンガロー
■4人用
1泊1棟5,330円

えりも町百人浜オートキャンプ場

アクセス 国道34号をえりも岬から広尾方面に向かうと左側に入口が見える

ワンポイント情報 ●オートサイトだが舗装はされていないので天候が悪い時は注意が必要だ ●テントエリア内でのタープも禁止されているので注意

かなやま湖を見渡せるサイトもある

カーサイト **フリーテントサイト** **宿泊棟**　　　　　　**南富良野町**

高台にあるオートキャンプ専用施設

かなやま湖オートキャンプ場

住　所	空知郡南富良野町東鹿越	
T E L	☎0167-52-2002	**利用期間** 5月1日～9月下旬
期間外問合わせ先	㈱南富良野町振興公社　☎0167-52-2100	
U R L	http://www.town.minamifurano.hokkaido.jp/kousya/auto.camp/auto.camp.html	

トイレ
水洗(バリアフリー
対応)、洋・和式

シャワー
有料

夜間照明

炊事場
3棟(バリフ
リー対応)

売　店

飲食店

遊　具

ペット
禁止・注意
事項参照

Wi-Fi

　ダムの建設によって生まれた「かなやま湖」にあるオートキャンプ場。湖面を見下ろす高台の位置にあるので見晴らしも良く、さらにはサイト数も多く快適に過ごすことができる。毎年7月の最終土曜には「かなやま湖湖水まつり」が開かれ花火大会などが楽しめる。7月中旬から下旬のシーズンになると湖畔に咲くラベンダーも楽しむ事ができるのも嬉しい魅力のキャンプ場だ。

禁止・注意事項　サイト内での花火、直火など。ペットはノーリード不可。トイレの後始末をすること。シャワーはオートキャンプ場宿泊者は無料

親子で楽しめるおすすめポイント

釣り具は持参になるが、入漁料を払わず釣りを楽しむ事も可能。ドッグランが無料で利用できるので、ペットと一緒に気軽に楽しめる。

キャンピングカーサイトを含む71区画全てに電源付き

炊事場は上下に分かれたサイトの中段にあるので便利

シャワー・ランドリー完備の管理棟

温泉情報 ♨ かなやま湖保養センター

キャンプ場から徒歩3分にある温浴施設。温泉ではないがしっかりとした造りの大浴場なので快適に過ごせる。

◆営業時間／10:00～21:00（最終受付20:30）
◆料金／大人410円、小学生200円、幼児無料
◆定休日／月曜
◆住所／南富良野町字東鹿越かなやま湖畔
◆TEL／0167-52-2223

INFORMATION

利用料金

■入場料
大人（中学生以上）830円、小人410円
◆キャンピングカーサイト／1サイト1回4,190円〈総数8〉112㎡
◆スタンダートサイト／1サイト1回3,140円〈総数63〉72㎡
※条例に別に定める使用。1日1回1㎡につき50円

利用時間

■IN／13:00～
■OUT／翌11:00

管理人

8:00～21:00駐在

施設・設備

水洗トイレ、炊事場、灰捨て場、管理棟（水洗トイレ、コインランドリー、シャワー、売店）、ドッグランなど

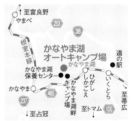

アクセス 道東自動車道占冠ICから国道237号に入り33km又は同トマムICから国道38号に入り32km

ワンポイント情報 ●利用は全て予約制となっており、リピーターユーザーには特典も用意されている
●シャワーは1回200円だが、オートキャンプ場利用者は無料で利用できる。

アクティビティ ｜ 道北エリア

77

雰囲気抜群の芝生サイトと林間サイト

カーサイト **フリーテントサイト** **宿泊棟**　　　　　**東川町**

レジャー施設を備えた、子連れ向けキャンプ場

キトウシ森林公園 家族旅行村キャンプ場

住　所	上川郡東川町西5号北44		
T E L	☎0166-82-2632	利用期間	4月下旬～9月下旬
期間外問合わせ先	㈱東川振興公社　☎0166-82-2632		
U R L	http://www.kazokuryokoumura.jp/		

トイレ
水洗(洋式)

シャワー

夜間照明

炊事場
1棟

売店

飲食店

遊具

ペット

FREE
Wi-Fi

岐 登牛山を丸ごとレジャー施設にしたのがキトウシ森林公園家族旅行村だ。公園内にはキャンプ場のほかに、ジャブジャブ池や上川管内で最長のゴーカートや馬牧場や遊歩道など子ども達が喜ぶ施設がたくさんあり飽きることなく過ごすことができる。芝生のサイトと樹木に囲まれている林間サイトのほか炊事小屋付きのカーサイトなど状況にあわせて選ぶことができる。

禁止・注意事項 直火、たき火、音のでる花火、打上げ花火、カラオケ、発電機。キャンプ場の安全対策のため22時～翌6時までは全ゲートを施錠（車で外出の際は施錠前にもどること）

親子で楽しめる おすすめポイント

施設全体が遊べる場所や自然観察、展望台などが揃っており、遊びごたえがある。更に、旭山動物園まで車で20分程度なのもうれしい。

標高457mの山全てで遊べる

ジャブジャブ池は子どもに大人気

炊事小屋付きと流し台付きいずれかのカーサイト

温泉情報♨ キトウシ高原ホテル

キャンプ場から徒歩5分にある人工ラジウム温泉。内湯のみではあるが楽しんだ後の疲れを癒してくれる。

◆営業時間／9:00〜22:00
◆料金／大人600円、小人300円
◆定休日／無休
◆住所／東川町西4号北46
◆TEL／0166-82-4646

INFORMATION

利用料金
◆フリーテントサイト（持込テント）／小学生以上300円
◆カーサイト／1泊1区画2,000円＋小学生以上300円（炊事小屋付き・電源・照明）
◆カーサイト／1泊1区画1,500円＋小学生以上300円（流し台付き）
※カーサイトは要予約（電話・FAX受付可）

利用時間
■IN／13:00〜18:00
■OUT／翌7:00〜11:00

管理人
期間中24時間常駐

施設・設備
水洗トイレ、炊事棟、管理センター（売店、喫茶コーナー9:00〜17:00〈軽食〉など）、コインランドリー

貸し用具
テント、タープなど各種有料

宿泊棟

利用時間
■IN／15:00〜
■OUT／翌10:00

ケビン
■[A]8人用
18,900円〈総数11〉
■[B]8人用
22,050円〈総数2〉2階建て
■[C]8人用
26,250円〈総数1〉2階建てサウナ付き
※各タイプ共通でバス、トイレ、キッチン、寝具、テレビ、冷蔵庫、調理道具、食器、電子レンジ、暖房完備
※夏期は野外用コンロ（炭・網は無し）、野外用テーブル、火ばさみ

キトウシ森林公園
家族旅行村キャンプ場

コート旭川カントリークラブ
●キトウシ高原ホテル
倉沼川
道道瑞穂東川線
至東光
至旭川21世紀の森
(940) (611)
(1160)

アクセス
旭川市街から旭岳方面に向かう道道212号へ。東川町市街の交差点を左折し5km程いくと神社のあるT字路を左折すると看板あり

ワンポイント情報
●キャンプ場、ケビンの利用者には「キトウシ高原ホテル」の入浴割引券がもらえる[大人（中学生以上）600円→400円、小学生400円→200円、幼児無料]

森に囲まれ、十勝岳が望めるキャンプ場

カーサイト　フリーテントサイト　宿泊棟　　　美瑛町

古き良き森の中のキャンプ場

国設白金野営場
こくせつしろがねやえいじょう

住　所	上川郡美瑛町字白金		
ＴＥＬ	☎0166-94-3209	利用期間	6月上旬～9月下旬
期間外問合わせ先	美瑛町役場商工観光交流課　☎0166-92-4321		
ＵＲＬ	https://www.town.biei.hokkaido.jp/facility/camp.html		

トイレ
和式

シャワー

夜間照明

炊事場

売店

飲食店

遊具

ペット

Wi-Fi

　び　えい白金温泉街に隣接する国設白金野営場は十勝岳・美瑛岳・美瑛富士等の登山口にもっとも近いキャンプ場。フリーサイトは芝生サイトと林間サイトがあり、ファミリーなどは広々とした芝生サイトがおすすめ。近郊には観光名所の一つとなっている望岳台（標高900m）から雄大な十勝岳連峰を背景に、美瑛・富良野地方一帯の大パノラマが楽しめる。近くには観光スポットの青い池もある。

禁止・注意事項　直火、たき火、花火は指定場所のみ(要確認)、カラオケ、発電機は不可

親子で楽しめる おすすめポイント

周辺には「野鳥の森」や十勝岳、美瑛岳、美瑛富士などの山々を一望できる400haの広大な「白金模範牧場」がある。キャンプ場からは十勝の山々が木々の間から美しい姿を見せている。

敷地内には大小の芝生サイトが2つある

キャンプ場入口すぐに趣がある管理棟にて受付

キャンプ場まで長く続く白樺街道

温泉情報 ♨

美瑛町国民保養センター

キャンプ場から約550m程の位置にある、白金温泉街にある町営の日帰り施設。

◆営業時間／9:30〜18:30
◆料金／大人300円、小人100円
◆定休日／毎週月曜
◆住所／美瑛町白金
◆TEL／0166-94-3016

INFORMATION

利用料金
◆フリーテントサイト（持込テント）／大人400円、小人（小学生以下）200円、3歳以下は無料
◆日帰り大人300円・小人（小学生以下）150円、3歳以下は無料

利用時間
■IN／13:00〜
■OUT／翌10:00

管理人
24時間常駐

施設・設備
トイレ、炊事場、管理事務所、ファイヤーサークル

宿泊棟

利用時間
■IN／13:00〜
■OUT／翌10:00

ケビン
■4人用
1泊1棟3,600円〈総数15棟〉
4畳

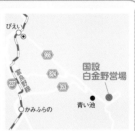

アクセス 国道237号の美瑛町扇町付近から道道966号に入り、白金温泉方面へ直進。国立大雪青少年交流の家前を左折（国道237号から約21km）

ワンポイント情報 ●札幌圏から向かうと旭川をぐるっと回るか、三笠〜桂沢湖経由もしくは滝川〜芦別経由で富良野入りし美瑛町に向かうルートが一般的

広大な敷地内には、温泉や博物館などの施設が充実

カーサイト　**フリーテントサイト**　**宿泊棟**　　　　**美深町**

豊かな水と木々が美しいキャンプ場

森林公園びふかアイランドキャンプ場
しんりんこうえん / じょう

住　所	中川郡美深町紋穂内139		
T E L	☎01656-2-3688	利用期間	5月上旬～10月下旬
期間外問合わせ先	びふか温泉　☎01656-2-2900		
U R L	http://www.bifukaonsen.com/island.htm		

トイレ　　シャワー　　夜間照明
水洗(洋式)

炊事場　　売　店　　飲食店

遊具　　ペット　　FREE Wi-Fi
　　　禁止・注意
　　　事項参照

美深市街からおよそ8kmの位置にある「びふかアイランド」内にあるキャンプ場。場内には、びふか温泉やチョウザメ館、パークゴルフ場などさまざまな施設があり飽きることがない。ログコテージ裏の三日月湖ではカナディアンカヌー体験や天塩川での川下りツアーなどもあり色々と楽しむ事ができる。長期滞在者も多いキャンプ場なので予約は早めがおすすめだ。

禁止・注意事項　直火、たき火、打ち上げ花火、発電機、ペットはノーリード禁止、コテージ内の同伴不可

親子で楽しめる おすすめポイント

子どもが走り回れる芝生や遊具近くには川や湖でのカヌー体験などができ、夜は星空がきれいにみえるので星座観察などもおすすめだ。

人工芝のターフゲレンデでは夏でもターフボードなどで遊べる

木のぬくもりを感じられるやさしい空間

チョウザメ館では生きた化石の見学も

温泉情報♨ びふか温泉

キャンプ場から歩いてすぐの温浴施設、大きな窓と天窓からの光が降りそそぎ開放感あふれる作りの天然温泉だ。レストランではチョウザメ料理も食べられる。

◆営業時間／10:00～21:00
◆料金／大人450円（中学生以上）、小人220円（4歳～小学生）、3歳以下無料 ◆定休日／毎週月曜 ◆住所／美深町紋穂内139（びふかアイランド内） ◆TEL／01656-2-2900

INFORMATION

利用料金
◆フリーテントサイト／大人（18歳以上）400円、18歳以下200円、未就学児無料
◆オートサイト／1泊1サイト2,700円

利用時間
■IN／8:30～（カーサイトは13:00～）
■OUT／翌15:00（カーサイトは翌12:00）

管理人
8:30～17:30駐在（夏休み期間は8:00～21:00）

施設・設備
水洗トイレ、炊事場、管理棟（自販機、コインランドリー、電話など）

貸し用具
テント、毛布、マット、パークゴルフ用具、ターフボードなど

宿泊棟

利用時間
■IN／15:00～21:30
■OUT／翌10:00

コテージ
■6人用
1泊1棟13,000～18,000円（シーズンにより異なります）〈総数4〉バス・トイレをはじめキッチン用具、寝具、家電など完備

至音威子府　びふか温泉
森林公園
道の駅　びふかアイランド
キャンプ場
40
天塩川
宗谷本線
445
至美深市街　もんぼない

アクセス 道央自動車道士別剣淵ICから国道40号音威子府方面へ、美深市街からおよそ8kmの道の駅びふかに直結

ワンポイント情報 食材は美深市内で調達のほか、道の駅びふかで地場産の野菜や加工品などを購入する事も可能だ

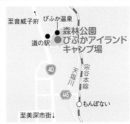

森と川と湖に囲まれたロケーション

カーサイト　フリーテントサイト　宿泊棟

標茶町

牧歌的でロケーションが良いキャンプ場

虹別オートキャンプ場

住　所	川上郡標茶町字虹別690-32		
T E L	☎015-488-2550	利用期間	5月1日〜10月31日
期間外問合わせ先	上記で通年対応		
U R L	http://www.sip.or.jp/˜nijibetu/		

トイレ
水洗

シャワー
有料

夜間照明

炊事場
2棟

売店

飲食店

遊具

ペット
禁止・注意
事項参照

FREE
Wi-Fi

道東らしい牧歌的な景色ながら、カーサイト、テントサイト、コテージ・バンガローなど完備されている快適に過ごせる高規格オートキャンプ場。管理棟にはシャワーのほか洗濯機、乾燥機などもあり使い勝手も非常によい。シュワンベツ川には小さな子どもでも楽しめる釣りのポイントもあるのでおすすめだ。知床や釧路湿原公園など道東を訪れる際の拠点としても最適。

禁止・注意事項　直火、たき火、打ち上げ花火、カラオケ、発電機、ペットの入場は予約時に申込条件を確認。放し飼いコテージ等室内不可

シュワンベツ川ではヤマメ、イワナ、ニジマス釣りができる。シュワンベツダム湖でも釣りができるのでチャレンジしてみよう。

1区画ごとに木々で仕切られているのでプライベート空間を確保できる

印象的な作りの管理棟

様々な種類の魚が生息する湖

アクティビティ　道東エリア

温泉情報　西春別温泉 クローバーハウス

キャンプ場から車でおよそ9分の温浴施設。モール温泉で肌に非常に優しい泉質だ。内風呂の他に開放感あふれる露天風呂もある。

◆営業時間／15:00～21:00
◆料金／大人450円(中学生以上)、小人140円(小学生)、幼児70円　◆定休日／不定休
◆住所／野付郡別海町西春別95
◆TEL／0153-77-1170

INFORMATION

利用料金
◆フリーサイト／高校生以上380円、小中学生220円
◆カーサイト／個別カーサイト1泊1区画3,300円
◆パーティサイト／6,600円(車4台分・団体用)　※各電源付き
◆キャンピングカーサイト／1泊1区画4,400円(電源、上下水道付き)

利用時間
■ IN／13:00～17:00
■ OUT／翌9:00～11:00

管理人
7:00～22:00駐在

施設・設備
センターハウス(売店〈最小限のキャンプ用具〉、コインシャワー、コインランドリー、自販機)、管理棟など。バリアフリー有り(センターハウス・コテージ1)、ドッグラン

貸し用具
炭火コンロ、ランタン、食器セット、鍋セットなど各種有料、

宿泊棟

利用時間
コテージ
■ IN／14:00～17:00
■ OUT／翌9:00～11:00
バンガロー
■ IN／13:00～17:00
■ OUT／翌9:00～11:00

コテージ
■ 6人用
1泊1棟11,000円〈総数3〉シャワー、トイレ、キッチン、冷蔵庫、オーブンレンジ、電気ポット、野外バーベキュー炉、テーブル、イス
※6名以上の場合、追加1人につき1,100円(最大8名まで)
※7～8月以外は1泊1棟6,600円

バンガロー
■ 4～5人用
1泊1棟3,300円〈総数2〉屋外電源付き

至別海・西春別温泉クローバーハウス

アクセス　弟子屈と別海を結ぶ国道243号沿いにあり、虹別市街から1.5kmほど別海寄りに案内看板あり

ワンポイント情報 ●シュワンベツダム湖は大物ニジマスの穴場と言われているのでチャレンジしてみたい
●西別岳の登山コースが近くにあり登山口からおよそ2時間ほどで登ることも可能だ

湖岸に面した雰囲気のいいサイト

カーサイト　**フリーテントサイト**　宿泊棟　　　　**弟子屈町**

砂浜を掘ると温泉が湧き出るキャンプ場

RECAMP 砂湯（旧：砂湯キャンプ場）
リキャンプ　すなゆ　　きゅう　すなゆ　　　じょう

住　所	川上郡弟子屈町字美留和砂湯		
問合せemail	yoyaku-sunayu@recamp.co.jp	利用期間	4月下旬〜10月下旬
期間外問合わせ先	なっぷ（下記HPにて対応）		
予約URL	https://www.nap-camp.com/hokkaido/13247		

トイレ
水洗（洋・和式）、簡易水洗

シャワー

夜間照明

炊事場
2棟

売店
レンタル品あり

飲食店

遊具

ペット

Wi-Fi
レンタル

屈斜路湖の東岸に面し、名前の通り湖岸の砂を掘ると温泉が湧きだす珍しいキャンプ場で現地では園芸で使う小さなショベルなどを持っていくと重宝するだろう。湖畔にテントを張ると温められた砂によって床暖房のように温かい。なお水質汚染を防ぐために石鹸やシャンプーの使用は不可となっているので注意してほしい。サイトは湖畔だけではなく林間のサイトも若干あるので好みに応じて選ぶと良いだろう。

禁止・注意事項 直火、打ち上げ花火、カラオケ、たき火はたき火台を使用すれば可

親子で楽しめる おすすめポイント

カヌーの持ち込みが可能な
キャンプ場なので親子で楽
しむ事もできるだろう。カ
ヌーツアーなども行っている
自然ガイドなどもあるので利
用すると便利だ。

屋根付きの炊事場なので雨の時も便利

天気の良い日にはきれいな星空を
眺められる

地面一面に落葉でサイトが覆われ
た風景

 温泉情報

川湯観光ホテル

キャンプ場から車で8.7kmにある温泉
施設。3つの異なる湯温で温泉を楽し
むことができる。

◆営業時間／13:00〜19:00（最終受
付18:00）　◆料金／大人700円（別
途入湯税150円）、小学生350円
◆住所／川上郡弟子屈町川湯温泉1
丁目2-30　◆TEL／015-483-2121

INFORMATION

利用料金
◆フリーサイト／大人500〜
1,000円、子ども300〜600
円、タープ代1,100円

利用時間
■ IN／13:00
■ OUT／翌11:00

貸し用具
テント、タープ、シュラフ、チェ
ア、焚き火台、ランタン、ポケット
wi-fi、ポータブル電源

管理人
売店9:00〜17:00駐在（営業）

施設・設備
水洗トイレ（簡易4カ所）、炊事棟
（2カ所）、管理棟など

アクセス　国道243号を美幌
峠側から弟子屈町方面へ進
み、道道52号でおよそ7km、逆
回りでおよそ8kmで現地

ワンポイント情報　車での乗り入
れ不可でリヤカーが9台あるの
で荷物はそれで運搬する。また
トイレは管理棟と一体になって
いる

アクティビティ　道東エリア

87

大自然の中で家族やグループ同士が楽しみながら心を癒せる

カーサイト **フリーテントサイト** **宿泊棟**　　　　　**清水町**

釣り堀内にあるキャンプ場

山女魚園キャンプサイト

住　所	上川郡清水町御影南7線58		
T E L	☎0156-63-2533	利用期間	4月上旬〜10月下旬
期間外問合わせ先	上記で通年対応		
U R L	http://www.yamabeen.com/		

トイレ
簡易水洗

シャワー

夜間照明

炊事場
1棟

売店

飲食店

遊具

ペット
禁止・注意
事項参照

Wi-Fi

芽　室川沿いにある管理釣り場内にあるキャンプサイトで園内には畑があり、園内で収穫し自家製粉した香り高い十割蕎麦やニジマス料理なども食べられるクラブハウスなどもある。広大な敷地の中には子ども向けの釣り場も用意されておりエサ釣りや貸し竿（各種有料）などもあるので気軽に楽しめる環境だ。その他多目的広場などもあり飽きず過ごせるだろう。

禁止・注意事項　ペットは必ずリードを着用・フンの後始末の徹底、直火、たき火、打ち上げ花火、カラオケ

親子で楽しめる おすすめポイント

園内に蕎麦畑を持ち、栽培・収穫（自家製粉した香り高い十割蕎麦）。ミシュランガイドに掲載された「手打ち十割蕎麦紀山」で提供している。釣った魚は園内で調理して食べることもできる。（別途料金）

釣ったばかりの魚を焼いて食べれるのも魅力の一つ

和気あいあいと楽しめるくつろぎ空間

自然を満喫しながら釣りを楽しめる

温泉情報　スーパー銭湯温泉 鳳乃舞

キャンプサイトからおよそ15㎞のスーパー銭湯。銭湯とはいえお湯は源泉かけ流しで数種類のお風呂が楽しめる。

◆営業時間／[月〜木曜]6:00〜10:00/14:00〜22:00、[金〜日曜・祝日]6:00〜22:00 ◆料金／大人410円（中学生以上）、小人140円（小学生）、幼児70円 ◆定休日／無休 ◆住所／河西郡芽室町東4条1丁目1-32 ◆TEL／0155-62-8668

INFORMATION

利用料金
◆フリーサイト（持込テント）
◆カーサイト／中学生以上500円、小学生300円、設備なし
◆キャンピングカー1台2名1,500円

利用時間
■ IN／13:00〜
■ OUT／翌11:00

管理人
24時間常駐

施設・設備
管理棟、簡易水洗トイレ・炊事場（クラブハウスに併設）、バーベキュー棟、クラブハウス（食事）など

貸し用具
バーベキューセット（炭・焼き台・網）1,500円

（宿泊棟）

利用時間
■ IN／13:00〜
■ OUT／翌11:00

バンガロー
■6人用
1泊1棟4,000円〈総数4〉照明、電源付き
※芽室川上流の災害復旧工事が終わり次第、営業再開となります。詳しくはホームページにてご確認下さい

⊗御影中学校
みかげ　38　至帯広
根室本線
55

● 山女魚園キャンプサイト

アクセス 国道38号御影市街から大樹方面に向かい道道55号に入り、約4㎞先に看板が立つ交差点を右折し次の看板を左折しダート道を道なりに進むと現地

ワンポイント情報 ●ゴミは基本持ち帰りなので注意が必要
●釣りの方法が色々と選べるので詳しくはスタッフさんに聞いてみて

オホーツク海から日の出が見えるキャンプ場

カーサイト　**フリーテントサイト**　**宿泊棟**　　　　**雄武町**

水平線の風景がすばらしいキャンプ場

日の出岬キャンプ場

住　所	紋別郡雄武町沢木168		
T E L	☎0158-85-2044	利用期間	6月上旬～9月下旬
期間外問合わせ先	雄武町役場商工観光係　☎0158-84-2121		
U R L	http://www.town.oumu.hokkaido.jp/hotnews/detail/00000149.html/		

トイレ
水洗

シャワー

夜間照明

炊事場
1棟

売　店

飲食店

遊　具

ペット

Wi-Fi

　オホーツク海からの日の出が素晴らしい名前通りのキャンプ場だ。入口が全て東側を向いているので眺望は抜群だ。サイトは海側のテントサイトと高台にあるバンガローサイトに分かれておりバンガローは色とりどりな色合いで揃っており非常にカラフルだ。岬の突端に建っている展望台ラ・ルーナは総ガラス張りなので眺望良く夜はライトアップされているので幻想的な雰囲気を楽しむ事が出来る。

禁止・注意事項　直火、たき火、打ち上げ花火、カラオケ、発電機。ゴミは持ち帰り厳守

親子で楽しめるおすすめポイント

近くにあった海水浴場は閉鎖されてしまったが、磯溜りでの磯遊びは可能だ。キャンプ場の隣には運動広場やサンライズ広場もある。

オホーツク海を眺めることができる数少ないキャンプ場

オホーツク海が一望できる展望台が隣接

テントサイトは芝生になっている

温泉情報　オホーツク温泉ホテル 日の出岬

キャンプ場の裏にあり遊歩道を抜けていくとホテル日の出岬になる。オホーツク海を一望できる露天風呂や打たせ湯など種類も豊富だ。

◆営業時間／平日11:00〜21:30、土日祝日10:00〜21:30　◆料金／大人[町外]650円、[町内]500円(中学生以上)、小人300円(4歳〜小学生)　◆定休日／不定休　◆住所／雄武町字沢木346-3　◆TEL／0158-85-2626

INFORMATION

利用料金
◆フリーサイト(持込テント)／[4名以下]1張1泊400円、[5名以上]1張1泊600円

利用時間
■IN／16:00〜
■OUT／翌10:00

管理人
9:00〜18:00駐在

施設・設備
水洗トイレ、炊事場、野外炉、管理棟、展望台、木製遊具など

宿泊棟

利用時間
■IN／14:00〜
■OUT／翌10:00

バンガロー
■5人用
1泊1棟3,000円〈総数10〉照明・電源付き
※要予約

●日の出岬

●日の出岬キャンプ場

至雄武市街

238

883

オシロ湖

至紋別

アクセス 国道238号を紋別市側から進み雄武町に入りおよそ6km先に表示看板があり右折。そこからおよそ1kmで現地

ワンポイント情報 ●キャンプ場から雄武町市街地まで11km程あるので必要なものがあれば買い物をすませてくる方がいいだろう
●磯遊びの際は潮の満ち引きがあるので保護者同伴が必須

川遊びができる緑の豊富なキャンプ場

カーサイト　フリーテントサイト　宿泊棟　　　　　石狩市

札幌圏から程近い、自然豊かなキャンプ場

厚田キャンプ場

住　所	石狩市厚田区厚田 石狩市あいろーどパーク内		
TEL	☎0133-78-2100	利用期間	5月上旬～9月下旬
期間外問合わせ先	株式会社あい風　☎0133-78-2300		
URL	http://www.city.ishikari.hokkaido.jp/site/sightseeing-guide/1574.html		

トイレ
水洗

シャワー

夜間照明

炊事場

売店

飲食店

遊具

ペット

Wi-Fi

札幌から車で1時間の距離でありながら、野鳥や昆虫、小動物が遊ぶ自然豊かなキャンプ場。子どもは遊具や川遊びを楽しむ事ができ、秋にはサケの遡上を観察する事も出来るのでファミリーキャンプにもおすすめ。キャンプ場から車で約5分で厚田港朝市に行く事ができ、朝市は4月上旬～10月中旬頃まで毎日開催(天候で変動有)しており獲れたての新鮮な魚介類を購入する事ができる。

禁止・注意事項 直火、花火(手持ち花火可)、ラジカセ、ホットプレート、発電機、ゴミは各自持ち帰り

親子で楽しめる おすすめポイント

小学生から参加できるジップライン(アツターザン)。木々の間に張り巡らされたワイヤーに滑車を付けて滑り降りる。最後のタワーコースは高さ10mの足場から滑空するので大迫力。

9月中旬から10月中旬までサケの遡上が見られる事も

厚田港朝市で購入した新鮮な魚介類でBBQも楽しめる

子どもに人気の遊具

温泉情報♨ 石狩市浜益保養センター (浜益温泉)

キャンプ場から浜益方面に車で約30分。森に囲まれた静かな環境の中で入浴できる。

◆営業時間／[4月〜10月]10:00〜21:00[5月・8月は無休]、[11月〜3月]13:00〜20:00(月曜のみ10:00から営業)　◆料金／大人500円(中学生以上)、小学生250円　◆定休日／毎月1日(土日祝の場合翌日定休)　◆住所／石狩市浜益区実田254-4　◆TEL／0133-79-3617

INFORMATION

利用料金
■**サイト使用料**(要予約)
中学生以上200円、小学生100円
◆フリーテントサイト(持込テント)／1張1泊1,000円、日帰り500円

利用時間
■IN／12:00〜
■OUT／翌10:00

管理人
9:00〜17:00駐在

施設・設備
水洗トイレ、炊事場、野外卓、管理棟など

↑至浜益・石狩市浜益保養センター
厚田キャンプ場●
道の駅 石狩
「あいろーど厚田」
厚田漁港
11
至月形
231
厚田川
↓至石狩河口橋

アクセス 国道231号から道道11号(月形・厚田線)よりおよそ3kmで現地

ワンポイント情報 ●キャンプ場へのアクセスは道道11号(月形・厚田線)沿いの入口をご利用ください
●2021年より完全予約制
●厚田海浜プールは厚田港朝市に隣接する穏やかな波が特徴の海水浴場で、海水浴期間は7月上旬から8月中旬

天狗山山頂付近にあり、ゆったりとした山の空気感を感じられる

カーサイト　フリーテントサイト　宿泊棟　　　　　小樽市

子ども中心のファミリー向けキャンプ場

おたる自然の村
しぜん　むら

住　所	小樽市天狗山1丁目国有林野4152林班		
T E L	☎0134-25-1701	利用期間	5月上旬～10月下旬
期間外問合わせ先	上記にて通年対応		
U R L	http://shizennomura.com/		

トイレ
水洗

シャワー

夜間照明

炊事場

売店

飲食店

遊具

ペット

Wi-Fi

　　自然体験をベースにしたキャンプ場で、林の中では野鳥や昆虫の観察などもできる。遊歩道奥には展望台があり小樽の街並みを一望することができるので見ることをおすすめ。子どもから大人まで楽しめる運動広場、冒険の森パークゴルフ場なども設置されている。宿泊施設もフリーテントサイトの他常設テントやバンガロー宿泊研修施設（おこばち山荘）など充実している。

禁止・注意事項　指定場所以外のたき火、音の出る花火、カラオケ

親子で楽しめる おすすめポイント

森に囲まれたキャンプ場は親子で昆虫採集や運動広場で楽しめる。18ホールのパークゴルフ場はファミリーで楽しめ、貸しクラブもある。

白樺林の中にあるバンガローは静かな時間を過ごせる

家族みんなで楽しめるパークゴルフ

林間に設置された常設テント

温泉情報♨

小樽温泉 オスパ

キャンプ場から東へおよそ5kmに位置する。天窓から陽がさしこむ明るい空間の浴場だ。

◆営業時間／24時間営業　◆料金／大人850円、子ども400円（3歳〜小学生まで）※24時間営業の為時間帯によって料金が異なるので要問い合わせ
◆定休日／無休　◆住所／小樽市築港7-12
◆TEL／0134-25-5959

INFORMATION

利用料金
◆フリーテントサイト（持込テント）／1張1泊500円より、常設テント1張1泊1,000円

利用時間
■IN／14:00〜22:00
■OUT／翌10:00

管理人
期間中24時間駐在

施設・設備
水洗トイレ、炊事場、管理棟など

貸し道具
寝具、炊事用具各種、運動用具など有料、照明器具は無料

（宿泊棟）

利用時間
■IN／14:00〜
■OUT／翌10:00

バンガロー
1泊1棟3,000円〈総数10〉照明なし、電池ランタン無料

アクセス
天狗山観光道路約7kmが現地

ワンポイント情報
●おこばち山荘では、薪・木炭・紙コップなどのキャンプ用品の販売。飲食店の営業はランチのみ。

四季折々の自然が楽しめる木々に囲まれたサイト

カーサイト　**フリーテントサイト**　宿泊棟　　　　　　　　　真狩村

広さ約20haの道央屈指のキャンプ場

羊蹄山自然公園真狩キャンプ場

住　所	虻田郡真狩村字社（羊蹄山自然公園内）		
TEL	☎0136-45-2955	利用期間	5月上旬～10月下旬
期間外問合わせ先	総務企画課商工観光係　☎0136-45-3613		
URL	https://www.vill.makkari.lg.jp/kanko/asobu/natural_park/		

トイレ

シャワー
有料

夜間照明

炊事場
4棟

売店

飲食店

遊具

ペット
禁止・注意
事項参照

FREE
Wi-Fi

羊蹄山への真狩コース登山口の手前にある環境の良いキャンプ場。自然環境の良さやスケール感などで人気の施設だ。サイトは全て芝生でオートサイト10サイトを含めて全86サイトが用意されている。施設内にはフィールドアスレチック、ミニランプ、簡易パークゴルフ場、テニスコート（有料）、周辺の散策などもあり良い汗を流して楽しむ事ができるだろう。

禁止・注意事項　直火、たき火、打ち上げ花火、カラオケ、発電機、ペット（一部サイトのみ可能。要相談）

親子で楽しめる おすすめポイント

アウトドア体験・アスレチック施設の他に体験学習施設など非常に充実している。車で10分ほどには真狩川上流では渓流釣りなどのスポットもある。

巨大遊具のある広場

山あいの閑静な空間のサイト

炉付きの野外炊事場は屋根があるので雨天時も安心

温泉情報♨ まっかり温泉

キャンプ場からおよそ3kmに位置するログハウス調の清潔感ある外観だ。源泉かけ流しの大浴場や露天風呂も完備している。

◆営業時間／10:00～21:00
◆料金／大人600円、子ども250円
◆定休日／毎週月曜（月曜が祝日の場合翌火曜定休）　◆住所／真狩村字緑岡174-3
◆TEL／0136-45-2717

INFORMATION

利用料金

■衛生協力費
高校生以上800円、小学生～中学生700円
◆フリーサイト／1区画800円
◆オートサイト／1区画2,800円
◆バリアフリーサイト／1区画2,000円
※各サイト追加テント、タープ1張600円

利用時間

森林学習展示館（受付）
■IN／8:45～（フリーサイト）、12:00～（オートサイト）
■OUT／翌11:00

管理人

8:45～17:30駐在

施設・設備

管理棟、バリアフリー（管理棟、オートサイト2区画）、水洗トイレ（簡易）、炊事場、シャワー棟、オストメイト施設など

貸し道具

テント、寝袋、組み立てベッドなど

羊蹄山自然公園 真狩キャンプ場

至京極
至ニセコ
羊蹄の水
真狩川
66
97
出光
真狩温泉
ふれあい広場 パークゴルフ場
セブンイレブン
66
97
至留寿都
至豊浦

アクセス

道66号線岩内洞爺湖線より真狩村市街から2.5kmまたはニセコ市街から約8.5kmの林道に入って約1.5kmで現地

ワンポイント情報

●真狩村のふれあいパークゴルフ場は36ホール4コースと種類が豊富で羊蹄山を眺めながらゆったりとプレイができて楽しむ事ができる
●管理棟内に飲料用自動販売機あり
●使用料500円、道具代300円

水辺の4カ所にフリーテントサイトが点在

カーサイト **フリーテントサイト** **宿泊棟** **月形町**

充実した施設の水辺のキャンプ場

月形町皆楽公園キャンプ場
（つきがたちょうかいらくこうえんじょう）

住　所	樺戸郡月形町北農場1		
T E L	☎0126-53-2577	利用期間	5月上旬～10月下旬
期間外問合わせ先	㈱月形振興公社 ☎0126-37-2110		
U R L	http://kairakukoen.com/camp/		

トイレ
水洗

シャワー

夜間照明

炊事場
1棟

売　店
温泉施設内

飲食店

遊具

ペット
マナーを守る。他人
に迷惑をかけない

FREE
Wi-Fi

27haの広大な敷地には石狩川の本流に繋がる旧河川の水辺があり、その岸辺に4カ所のフリーテントサイトをはじめ6棟のバンガロー、温泉施設、ホテルなどが並んでおり状況に応じて快適に過ごすことができるだろう。公園の周囲には3kmのサイクリングロードやパークゴルフ場などがあり家族皆で汗を流して楽しむ事が可能だ。その他ヘラブナが生息しており釣りも楽しむことができる。

禁止・注意事項 キャンプサイト付近での花火、夜間のアイドリングや空ぶかし、芝生での直火、発電機、ペットはバンガロー内禁止

親子で楽しめる おすすめポイント

月形温泉建物の手前にある「水辺の家」の岸辺にはボート乗り場があり30分300～500円の気軽な料金で楽しめる。

屋根付きのバーベキューコーナー

広々としてゆったりできるバンガローハウスタイプ

隣接する月形温泉ホテル

温泉情報♨　月形温泉 ゆりかご

皆楽公園の中にありキャンプ場と隣接している。露天風呂や寝湯など種類豊富に楽しめる。

◆営業時間／10:00～21:00
◆料金／大人550円、小学生250円
◆定休日／第3火曜
◆住所／月形町81番地10
◆TEL／0126-37-2118

INFORMATION

利用料金
■利用料
1人200円（小学生未満無料）、テント1張1泊1,000円

管理人
8:00～17:00駐在

施設・設備
水洗トイレ、炊事場、管理棟、バーベキューコーナー、パークゴルフ場など

貸し用具
自転車、ボートなど各種有料

宿泊棟

利用時間
■IN／13:00～
■OUT／翌10:00

バンガロー
■ハウスタイプ・5～6人用
5,000円〈総数6〉
※別途利用料1人200円必要
※宿泊施設として公園内に月形温泉ホテルあり

月形町皆楽公園キャンプ場

アクセス 国道275号沿いのホクレンスタンドから入り、200m直進で現地

ワンポイント情報 月形町産完熟トマト『桃太郎』を100％使用したトマトジュース「月形まんまるトマト」は人気商品

エルム高原リゾートのメインであるオートキャンプ場

カーサイト **フリーテントサイト** **宿泊棟**

赤平市

充実した環境の中で、家族旅行村の施設とも共有OK

エルム高原オートキャンプ場

住　所	赤平市幌岡町392-1		
ＴＥＬ	☎0125-34-2164	利用期間	5月上旬～10月中旬
期間外問合わせ先	エルム高原家族旅行村管理棟　☎0125-32-6160		
ＵＲＬ	http://www.akabira.net/erumu/index.html		

トイレ
水洗

シャワー
有料

夜間照明

炊事場
3棟

売店

飲食店

遊具

ペット

Wi-Fi

通常のテントサイト以外にオートキャンプやキャビンも備えた高原リゾート。敷地内には温泉もあり、宿泊者は温泉入浴が割引になる。夏には小さな子どもも安心して水遊びができる小川やカブト虫やクワガタなどの昆虫も採れる。施設・設備が充実しているので家族連れや初心者のキャンパーには優しい施設といえよう。

禁止・注意事項 直火、打ち上げ花火、カラオケ、発電機は禁止。たき火台使用、手持ち花火はOK

親子で楽しめるおすすめポイント

施設内で安全に川遊びができるように整備されているほかクワガタなども採ることができる。

トリム広場で人気のロングすべり台

敷地内の高床式ケビン

木製の清潔感ある流し台

温泉情報♨ エルム高原温泉 ゆったり

キャンプ場から歩いて10分に位置している。大自然に囲まれたお風呂なので露天風呂では小鳥のさえずりを楽しめるかも。

- ◆営業時間／10:00～22:00（最終入館21:30）
- ◆料金／大人500円、小学生300円、幼児無料
- ◆定休日／なし
- ◆住所／赤平市幌岡町377-1
- ◆TEL／0125-34-2155

INFORMATION

利用料金

■入場料
大人1,040円、小人520円
※エルム高原温泉ゆったり100円引き

利用時間

■IN／13:00～18:00（22:30閉門）
■OUT／翌8:00～11:00

管理人

8:00～20:00

施設・設備

水洗トイレ、炊事場、センターハウス（受付、シャワー、ランドリー、売店）管理棟、バリアフリーなど

貸し用具

キャンプ用品（有料）

宿泊棟

利用時間

■IN／13:00～
■OUT／翌11:00

ケビン

8,380円〈総数8〉電源、流し台、野外卓、暖房
※ケビン使用時にも入場料は必要

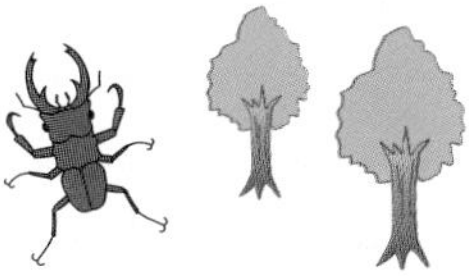

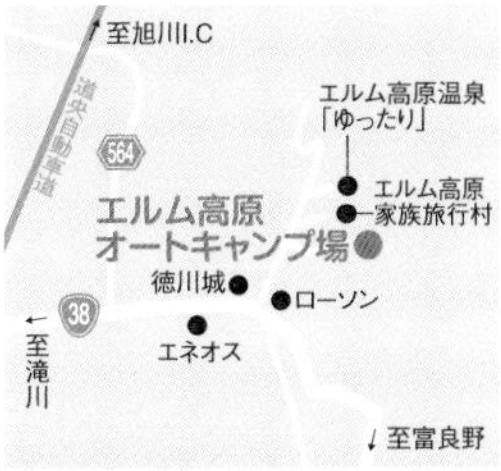
至旭川I.C
道央自動車道
564
エルム高原温泉「ゆったり」
エルム高原家族旅行村
エルム高原オートキャンプ場
徳川城
ローソン
38
至滝川
エネオス
至富良野

アクセス 道央自動車道滝川ICから国道38号に入りおよそ8㎞

ワンポイント情報 ●オートキャンプ場宿泊者には温泉入浴100円引き

子ども連れのファミリーが多く集まる

カーサイト　フリーテントサイト　宿泊棟　　　　　　新十津川町

ファミリーにおすすめ、ふるさと公園内のキャンプ場

新十津川町青少年交流キャンプ村
しんとつかわちょうせいしょうねんこうりゅう　　　　むら

住　所	樺戸郡新十津川町字総進191-4	
Ｔ Ｅ Ｌ	☎0125-76-2991	利用期間 4月下旬〜10月下旬
期間外問合わせ先	上記で通年対応	
Ｕ Ｒ Ｌ	http://www.town.shintotsukawa.lg.jp/kanko/detail/00000350.html	

トイレ
水洗（洋・和式）

シャワー

夜間照明

炊事場

売　店

飲食店

遊　具

ペット

FREE Wi-Fi

キャンプ場があるふるさと公園には、スポーツやレジャー施設が集まっており、野球、テニス、水泳、パークゴルフなど充実している。現地管理棟の新十津川町文化伝習館では、陶芸や染織の体験もできる（要予約）。フリーテントサイトは10張分と少ないがきれいに整備されており快適。特にバンガローは、車が横付けでき、ＢＢＱコンロも備え付けられているのでファミリー層にも人気だ。　※令和３年は、工事に伴う営業休止期間あり

禁止・注意事項　直火、花火、カラオケは禁止。ゴミは持ち帰り

親子で楽しめる おすすめポイント

15,000㎡を超える広大な緑地広場や、27ホールを備えたパークゴルフ場があるなど、ぞんぶんに体を動かして楽しめるだろう。

自然の中で楽しめるパークゴルフ場

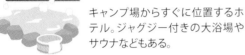

キャンプ場から歩いて行ける温泉施設

初心者でも楽しめる陶芸体験（要予約）

温泉情報 ♨

ホテルグリーンパークしんとつかわ

キャンプ場からすぐに位置するホテル。ジャグジー付きの大浴場やサウナなどもある。

◆営業時間／9:00〜21:00
◆料金／大人500円、小学生300円、幼児無料 ◆定休日／無休
◆住所／新十津川町字総進189
◆TEL／0125-76-4000

INFORMATION

利用料金
◆フリーサイト（持込テント）／1張1泊1,400円

利用時間
■IN／13:00〜16:00
■OUT／翌10:00

管理人
9:00〜17:00駐在
（文化伝習館）

施設・設備
水洗トイレ、炊事場、管理棟など

［宿泊棟］

利用時間
■IN／13:00〜16:00
■OUT／翌10:00

バンガロー
■6人用〈総数5棟〉
6,000円、照明、電源付き
■4人用〈総数5棟〉
4,000円、照明、電源付き

アクセス
道央自動車道滝川ICから国道275号に入り新十津川方向へおよそ20分で現地

ワンポイント情報
●要予約のキャンプ場になり、6カ月前から予約可能
●桜の時期や紅葉の時期には目を楽しませてくれる

市街地の近くにありながら奥まった森の中にある緑豊かで静かなキャンプ場

カーサイト **フリーテントサイト** **宿泊棟** **安平町**

スポーツ施設も充実！自然が充実したキャンプ場

安平町ときわキャンプ場
あびらちょう じょう

住　所	勇払郡安平町早来北進98-45		
Ｔ Ｅ Ｌ	☎0145-22-2898	利用期間	4月29日～10月31日
期間外問合わせ先	安平町役場　建設課　☎0145-29-7075		
Ｕ Ｒ Ｌ	http://www.town.abira.lg.jp/tour_03.php		

トイレ
水洗（洋・和式）

シャワー

夜間照明

炊事場
4棟

売店

飲食店

遊具

ペット

FREE Wi-Fi

　ときわ公園内にあるフリーサイトのキャンプ場。周囲は自然に恵まれ、野鳥・昆虫の観察など自然とのふれあいが楽しめる。フリーサイトの他バンガロー、ツリーハウス、バーベキューコーナーを常設し、アスレチック遊具や70mのローラー滑り台、パークゴルフ場もあり、心と体をリフレッシュするには最良のキャンプ場。

禁止・注意事項 直火、打ち上げ花火、カラオケ、発電機、釣り、たき火はたき火台を使用すれば可

親子で楽しめるおすすめポイント

新プランの「手ぶらキャンプ」は、テント設置、撤去不要で食材と飲み物さえ準備すればすぐにキャンプが可能。初心者はもちろん、空港、港も近いので道外の旅行者にも利用しやすいプランで便利。

滑り台などのアスレチック遊具も数多く設置されている

キャンプ場入口にある管理棟には自動販売機が設置されている

炊事棟にはバーベキュー炉があり、大人数で焼肉も楽しめる

 温泉情報 **鶴の湯温泉**

温泉の前にある庭園が四季折々の顔を見せてくれる温泉施設。

- ◆営業時間／10:00〜21:00
- ◆料金／大人500円、小学生300円
- ◆休館日／水曜
- ◆住所／早来北町5
- ◆TEL／0145-26-2211

INFORMATION

利用料金

◆フリーテントサイト／テント、タープ各1張1,000円、テント・タープ一体型1,600円、大型テント、タープ各2,000円
◆バーベキューコーナー／1人400円（網・鉄板は貸出備品。新しいものではない。1回4時間まで）
◆キャンピングカー（車中泊）／1台1泊1,000円
◆施設利用者／1組1回1,000円
※施設利用者とは、テント等を使用せずにキャンプ場スペースを使用（占用）する者
◆手ぶらキャンプ（6人用）／12,000円
※要予約:2日前まで。1日5セット限定
※利用料金は変更になる場合があるので事前に確認を

利用時間

■IN／13:00〜
■OUT／翌11:00

管理人

9:00〜16:00駐在 ※季節により変動あり

施設・設備

水洗トイレ（バリアフリー）、炊事場、管理事務所、パークゴルフ場、無料駐車場（100台）など

貸し用具

テント、タープ、テーブル、イスなど各種（手ぶらキャンプの予約がない時に限る）、パークゴルフ用品など有料

宿泊棟

利用時間

■IN／13:00〜
■OUT／翌11:00

バンガロー （要予約）

■6人用
5,000円〈総数13〉照明、電源

ツリーハウス （要予約）

■8人用
5,000円〈総数10〉照明、電源

アクセス 苫小牧方面より進み、JR早来駅から信号3つ目を右折しおよそ1kmで現地

ワンポイント情報 ●ゴミの回収はあるが分別に協力を
●2021年より完全予約制。下記のQRコードから予約可能

レジャー施設内のキャンプサイト

カーサイト　　**フリーテントサイト**　　**宿泊棟**　　　　　　　　**平取町**

遊びが詰まった、楽しさ満点のキャンプ場

二風谷ファミリーランドオートキャンプ場

住　所	沙流郡平取町字二風谷92-34		
T E L	☎01457-2-3807	利用期間	4月下旬～10月下旬
期間外問合わせ先	びらとり温泉 ゆから　　☎01457-2-3280		
U R L	http://www.town.biratori.hokkaido.jp/kankou/spot/spot3/		

トイレ
水洗

シャワー

夜間照明

炊事場

売店

飲食店

遊具
隣接するファミ
リーランドにあり

ペット

Wi-Fi

　シンプルな設備にはなるが、フリーテントサイト、オートサイト、宿泊棟と一通りそろっておりお手頃価格で利用できるのが魅力のキャンプ場だ。施設内にはパークゴルフ、テニスなどの遊びの数々があり子ども達も飽きることなく楽しめる。隣接するびらとり温泉の売店ではびらとり和牛が販売されているのでバーベキューの時に家族みんなで堪能するのもいいだろう。

禁止・注意事項　直火、たき火、花火、カラオケ、発電機

親子で楽しめる おすすめポイント

隣接するパークゴルフ場は、一日中遊び放題が可能だ。用具料込みで中学生以上500円、子どもは250円となっている。団体で利用する際は要予約なので01457-2-3807に電話を。

サイト横のせせらぎ水路では水遊びもできる

木々を眺めながら散策も

キャンプ場の中心にある管理棟ではキャンプに必要なものも販売している

温泉情報 びらとり温泉 ゆから

キャンプ場から徒歩3分の温泉。遊び疲れた体を癒し汗を流せるので非常に人気がある。

- ◆営業時間／10:00～22:00（最終受付21:30）
- ◆料金／大人500円、小学生140円、幼児無料
- ◆休館日／不定休
- ◆住所／沙流郡平取町字二風谷92-6
- ◆TEL／01457-2-3280

INFORMATION

利用料金

- ◆フリーサイト（持込テント）／[1～5人・1張] 500円、[6～10人・1張] 1,000円〈総数14〉
- ◆オートサイトA／[1～5人] 4,000円、[6～10人] 4,500円〈総数3〉
- ◆オートサイトB／[1～5人] 3,000円、[6～10人] 3,500円〈総数11〉
- ◆オートサイトC・D／[1～5人] 2,000円、2,500円（6～10人）〈総数26〉
- ◆オートサイトE／2,000円（1～5人）、[6～10人] 2,500円〈総数34〉

利用時間
- ■IN／13:00～
- ■OUT／翌10:00

管理人
9:00～17:00駐在

施設・設備

水洗トイレ、炊事場（管理棟に炉付き炊事場あり、管理棟、売店など

貸し用具

コンロ500円など各種有料

宿泊棟

利用時間
- ■IN／13:00～
- ■OUT／翌11:00

バンガロー
- ■A・B・C（1～10人）6,000円、7,000円（11人以上）〈総数3〉
- ■D・E・F・G・H・I（1～5人）3,000円〈総数6〉

至穂別　至日高市街　至二風谷ファミリーランド

鵡川　74　237　二風谷アイヌ文化博物館　温泉　びらとり温泉　二風谷ダム　至むかわ市街

二風谷ファミリーランドオートキャンプ場

59　ホクレン　沙流川　80　エネオス

アクセス
国道237号を日高町方面に向かい、平取町からおよそ7kmに案内看板あり

ワンポイント情報
●キャンプ場から約2kmの所にアイヌ文化博物館などがあるので見学するのもおすすめ

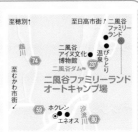

16棟のバンガローと30サイトのオートキャンプサイト

カーサイト　**フリーテントサイト**　**宿泊棟**　　　　　　**新ひだか町**

海で遊べるオートキャンプ場

三石海浜公園オートキャンプ場

住　所	新ひだか町三石鳬舞161-2		
T E L	☎0146-34-2333	利用期間	4月下旬〜9月下旬
期間外問合わせ先	新ひだか町まちづくり推進課　☎0146-49-0294		
U R L	http://www.shinhidaka-hokkaido.jp/hotnews/detail/00000025.html		

トイレ
水洗（洋・和式）

シャワー

夜間照明

炊事場
30棟

売店

飲食店

遊具

ペット

Wi-Fi

太平洋に面した海岸沿いのオートキャンプ場でフリーサイトは無いので注意。管理棟が道の駅みついしになっており地元産の食材や飲料水、日用品、炭などキャンプに必要な物が販売されている。バンガローは4人用、8人用、身障者4人用と3タイプあり利用がしやすい。その他近郊にも店舗があるので初心者のファミリーキャンプや海辺での初キャンプなどにはうってつけの場所になるだろう。

禁止・注意事項　直火、たき火、花火、釣り、カラオケ、発電機

親子で楽しめる おすすめポイント

目の前の海で気軽に楽しむのがおすすめだ。三石海浜公園は人工で整備されたもので小さな子ども達も安心して磯遊びもできる。

清潔さが好評な充実した設備で、どなたでも快適に利用できる

ふれあいビーチ

電源、炊事場完備のオートサイト

温泉情報 ♨

みついし昆布温泉 蔵三

キャンプ場に隣接している温浴施設。太平洋を眺めながら入れる露天風呂が人気だ。

◆営業時間／5:00～9:00、10:00～22:00
◆料金／大人500円、小学生160円、乳児無料　◆休館日／年中無休
◆住所／新ひだか町三石鳧舞162
◆TEL／0146-34-2300

INFORMATION

利用料金
◆オートサイト／1サイト1泊につき6,410円

利用時間
■IN／13:30～17:00
■OUT／翌8:00～11:00

管理人
期間中24時間常駐

施設・設備
水洗トイレ、炊事場、センターハウス、売店、管理棟（1階バリアフリー）など

貸し用具
テント5人用1,360円、ファンヒータ1,360円

宿泊棟

利用時間
■IN／13:30～
■OUT／翌11:00

バンガロー
■Aタイプ（8人用）
19,690円
■Bタイプ（4人用）
13,220円
■Cタイプ（バリアフリー車いす対応・4人用）
12,600円

アクセス
国道235号を浦河町方面に進み、三石市街に入り道の駅みついしが目印

ワンポイント情報
●みついしふれあいビーチでも有料でキャンプは可能（問い合わせ先：みついしふれあいビーチ☎0146-34-2588）

フリーサイトは木々に囲まれた芝生のサイト

カーサイト **フリーテントサイト** **宿泊棟**

東神楽町

遊具、施設が充実のキャンプ場

ひがしかぐら森林公園キャンプ場
しんりんこうえん じょう

住　所	上川郡東神楽町25-40		
TEL	☎0166-83-3727	**利用期間**	4月下旬～10月下旬
期間外問合わせ先	ひがしかぐら森林公園パークゴルフ場　☎0166-83-7789		
URL	http://bluemen-hks.com/index.html		

トイレ
水洗

シャワー

夜間照明

炊事場

売店

飲食店

遊具

ペット
禁止・注意事項参照（ペットサイト内）

Wi-Fi

　ひがしかぐら森林公園内にあるキャンプ場で西側がフリーサイトのキャンプ場になっている。テントサイトの横はレジャーゾーンとなっておりサイクルモノレールやボート、ゴーカート、パークゴルフなど多岐にわたって家族そろって一日中楽しめる。東側にはひがしかぐら森林公園オートキャンプ場があるのでオートキャンプをしたい場合はそちらになる。

禁止・注意事項 直火、たき火台使用で可、花火（指定場所で可能）、釣り、カラオケ、発電機、ペットは指定されたサイトのみ

親子で楽しめる おすすめポイント

人造湖の上を駆け抜ける足漕ぎのサイクルモノレールは中々体験できないスリルを味わってみて（有料）。

東側のオートキャンプ場フローレ

シャワーやランドリー（オートキャンプ場フローレ）があるので遊んで汚しても安心だ

小さな子どもでも安心のせせらぎ広場

温泉情報♨ 森のゆ花神楽

キャンプ場に隣接している温浴施設、昼は大雪の雄大な景観、夜はきれいな星空を眺めながら入浴できる。

◆営業時間／10:00〜21:00
◆料金／大人650円、小人300円、幼児無料　◆定休日／年中無休
◆住所／東神楽町25
◆TEL／0166-83-3800

INFORMATION

利用料金
■ キャンプ場使用料
300円
■ テント持込料
400円

利用時間
■ IN／8:30〜17:00
■ OUT／翌8:30〜11:00

管理人
8:30〜17:00駐在

施設・設備
水洗トイレ、炊事場、総合管理棟、シャワー、売店、ドッグラン（ペットサイト内）など

貸し用具
寝袋500円など

〈宿泊棟〉

利用時間
■ IN／13:00〜
■ OUT／翌11:00

バンガロー
■ 2人用
1,600円〈総数5〉3畳
■ 4人用
4,200円〈総数5〉4.2畳

キャビン
■ 6人用ロフト付
6,500円〈総数3〉17.6畳+ロフト4.5畳

※新型コロナウイルスの影響により営業内容に変更あり。昨シーズンは夏休み期間以外は土・日・祝日のみ営業。

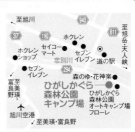

アクセス
旭川市街から東神楽町方面に向かい、道道294号へ忠別川沿いに進むと現地

ワンポイント情報
●ペットフリーサイトは1人あたりキャンプ場使用料300円+犬1頭500円+テント持込料400円になる
※必要書類①狂犬病予防接種証書、②伝染病ワクチン5種以上接種証明書

正面に桜岡湖を一望できるロケーションにあり展望は絶景

カーサイト **フリーテントサイト** 宿泊棟 　　　　　　**剣淵町**

桜岡湖を一望できる絶景のキャンプ場

けんぶち絵本の里家族旅行村キャンプ場

住　所	上川郡剣淵町東町5173番地（桜岡公園内）		
T E L	☎0165-34-3535（管理人在中期間）	利用期間	5月上旬〜10月末
期間外問合わせ先	レークサイド桜岡　☎0165-34-3100		
U R L	http://www.kembuchi-kankou.com/temp/camp.html		

トイレ　　シャワー　　夜間照明
水洗（洋・
和式）

炊事場　　売店　　飲食店
3棟

遊具　　ペット　　Wi-Fi
　　　　禁止・注意
　　　　事項参照

桜岡湖を中心にオートキャンプ場、運動広場、パークゴルフ場、お散歩コースなど充実している自然あふれるキャンプ場だ。キャンプサイトは丘の上にあるカーサイトと湖畔側にあるフリーテントサイトに分かれておりどちらを利用しても桜岡湖の美しさは楽しむことができる。桜岡湖では釣りやカヌーなども楽しめるので子ども達も飽きることなく過ごす事ができるだろう。

禁止・注意事項 直火、たき火、ペットはリード使用の上マナー厳守でOK

112

親子で楽しめるおすすめポイント

眼下に広がる湖でのアクティビティや運動広場での遊びなど色々と楽しめる施設だ。更に絵本の里との名前の通り町内には剣淵町絵本の館があり数多くの絵本を愉しんだりたまごの部屋には木の砂場があり子ども達も楽しんでくれるだろう。

フリーテントサイトの様子。綺麗で施設も充実している

カーサイトは高台の中間に位置しており、ロケーションは最高

窓越しに見える雄大な自然に溶け込むような「レークサイド桜岡」の大浴場

温泉情報♨ 剣淵温泉レークサイド桜岡

キャンプ場があるレークサイド桜岡内にある温泉施設で館内にはレストランも併設しており食事を取ることも可能だ。

◆営業時間／日帰り入浴10:00～21:00、毎週金曜17:00～21:00(最終受付20:00)
◆料金／大人500円、小学生250円
◆定休日／無休　◆住所／剣淵町東町5141
◆TEL／0165-34-3100

INFORMATION

利用料金

■デイキャンプは全サイト半額
◆フリーテントサイト(持込テント)／550円(2人用まで・1張)、1,100円(3人以上・1張)
◆カーサイトA／2,200円〈総数4〉設備無し
◆カーサイトB／3,300円〈総数5〉電源、汚水管付
◆カーサイトC／2,750円〈総数5〉流し台付
※A・B・Cの大きさ120㎡(幅10m×奥行12m)
◆カーサイトD／4,400円〈総数1〉設備無し(大きさ400㎡)
◆カーサイトE／4,400円〈総数2〉設備無し(大きさ400㎡)
◆カーサイトF／3,300円〈総数2〉設備無し(大きさ350㎡)

利用時間

■IN／13:00～
■OUT／翌11:00

管理人

8:00～19:00駐在(7月中旬～8月、9月は土日のみ)
※季節により変動あり

施設・設備

水洗トイレ、炊事場、コインランドリー、管理棟、パークゴルフ場など

貸し用具

テント、寝袋、コンロ、ランタンなど各種有料

アクセス 国道40号剣淵市街の分岐を士別側道道205号にはいりおよそ4.5km程で現地

ワンポイント情報 ●近くの道の駅には地元の野菜コーナーや焼きたてのパンなども売っており朝食用のパンを購入するのもおすすめだ

木々に囲まれた心地よいキャンプ場

カーサイト **フリーテントサイト** **宿泊棟** **上川町**

大雪山麓の自然に囲まれたキャンプ場

層雲峡オートキャンプ場

住　所	上川郡上川町字清川		
TEL	☎01658-5-3368	利用期間	夏期営業6〜10月、冬期営業12〜3月
期間外問合わせ先	上川町役場産業経済課商工観光グループ		☎01658-2-4058
URL	http://activitykamikawa.jp/		

トイレ
水洗(洋式)

シャワー
有料

夜間照明

炊事場
9棟

売　店

飲食店

遊　具

ペット

Wi-Fi

　層雲峡温泉から5km程はなれた所にある国道沿いのアクセスが良いキャンプ場だ。大雪連邦にあるが整備されていることもあり山深さをあまり感じなく小さな子どもがいても快適に過ごせる。場内にはテニスコートやローラースケートコース、野球場などがあり楽しめるほかに渓流釣りなどもできる環境なのが嬉しい。木々に囲まれた方へ散策に行くとリスや野鳥の姿を見かけることもあり観察に最適だ。

禁止・注意事項 直火、たき火、花火(21時以降不可)、カラオケ、発電機

114

親子で楽しめるおすすめポイント

大雪山の景色を見ながら親子でパークゴルフを楽しめる。また、道具のレンタルも行っているので、道具がなくても安心だ。

カーサイトは12台分（普通車9台・大型3台）のスペースが完備

炊事棟には簡易シャワーや洗濯機、乾燥機、シャワートイレ付のトイレなども併設

テント要らずのコテージが新設

温泉情報♨️　黒岳の湯

キャンプ場からおよそ5kmに位置する温泉街にある公共温泉だ。キャンプ場利用者には黒岳の湯の割引券が貰える。

◆営業時間／10:00〜21:30（最終入館21:00）
◆料金／大人600円、小人300円、幼児無料
◆定休日／水曜（5月〜10月は無休）
◆住所／上川町層雲峡
◆TEL／01658-5-3333

INFORMATION

利用料金
■入村料
1人1日350円（宿泊者は無料）
◆フリーサイト／1張500円
◆オートサイト／1区画1,500円

利用時間
■IN／13:00〜
■OUT／翌10:00

管理人
6:00〜21:30駐在

施設・設備
水洗トイレ、炊事場、総合管理棟、シャワー、コインランドリー、乾燥機、売店など

貸し用具
毛布など有料

宿泊棟
利用時間
■IN／13:00〜21:00
■OUT／翌10:00

コテージ
■週末移住コテージ
1泊7,500円
■通年型コテージ
1泊6,500円

バンガロー
■4〜6人用
4,000円

至上川層雲峡I.C

石狩川

39

層雲峡
オートキャンプ場

万景壁

層雲峡
至層雲峡温泉・
黒岳の湯

アクセス
層雲峡温泉国道39号沿いに現地

ワンポイント情報
自然環境が豊かな事もあり、虫が多いので防虫対策を忘れずにする事をおすすめだ

河川敷に広がるキャンプサイト

カーサイト　**フリーテントサイト**　宿泊棟　　　　　　**愛別町**

自然が遊び場になるキャンプ場

きのこの里あいべつオートキャンプ場

住　所	上川郡愛別町愛山		
T E L	☎01658-7-2800、☎080-5831-9039	利用期間	7月上旬～9月下旬
期間外問合わせ先	西村建設工業㈱　☎01658-6-5610		
U R L	http://www.town.aibetsu.hokkaido.jp/sightseeing/alot.html		

トイレ　　シャワー　　夜間照明
水洗　　　有料

炊事場　　売店　　　飲食店
4棟

遊具　　　ペット　　Wi-Fi
　　　　　禁止・注意
　　　　　事項参照

石狩川上流沿いの山すその間にある豊かな自然に囲まれたキャンプ場。サイトはきれいな芝生で管理されており清々しい気持ちで過ごすことができる。場内を流れている遊水路でニジマス釣りも体験でき持ち帰りもできるのでキャンプでの食事の一品にするだけで思い出になるだろう。パークゴルフ場や夜にはクワガタ採りも楽しめ、ペットも入場可能なので家族全員揃って楽しむ事ができるキャンプ場だ。

禁止・注意事項 直火、たき火、花火（手持ち花火のみ可）、カラオケ、発電機の利用禁止。ペットはノーリード禁止予約時に確認。バリアフリーなし

親子で楽しめる おすすめポイント

ニジマス釣りは1時間500円でさお、えさ代込みで楽しめ5匹まで持ち帰り可能。

水辺には遊水ポンプや足踏み水車などがある

管理棟にはシャワーが設置

遊水路での釣りの様子

温泉情報 ♨ あいべつ協和温泉

キャンプ場からおよそ8kmに位置する温浴施設。炭酸冷鉱泉で心身を癒してくれる。

◆営業時間／6:00〜22:00
◆料金／大人500円、小人250円
◆定休日／無休
◆住所／愛別町協和1区
◆TEL／01658-6-5815

INFORMATION

利用料金

■ 入場料
小学生以上100円
◆フリーサイト／1張1,500円〈総数50〉
※追加テント1張500円
◆スタンダートカーサイト／1区画1泊3,500円〈総数27〉
◆キャンピングカーサイト／1区画1泊4,500円〈総数6〉

利用時間

■ IN／13:00〜19:00
■ OUT／翌7:00〜11:00

管理人

期間中24時間常駐

施設・設備

水洗トイレ、炊事場、管理棟、シャワー、売店など

貸し用具

テント、寝袋、バーベキューコンロなど有料

きのこの里
あいべつ
オートキャンプ場

アクセス 旭川門別自動車道愛山上川ICから国道39号に入り、2.2km先を左折し突き当りを右折すると現地

ワンポイント情報 ●道北観光の拠点にするのもおすすめのキャンプ場

117

自由にテントが張れるフリーサイト

カーサイト **フリーテントサイト** **宿泊棟** **旭川市**

無料の温泉があるキャンプ場

旭川市21世紀の森ファミリーゾーンキャンプ場

住 所	旭川市東旭川町瑞穂937		
T E L	☎0166-76-2454	利用期間	5月上旬〜11月下旬
期間外問合せ先	ログハウス ☎0166-76-2108		
U R L	http://www.asahikawashi21seikinomori.net/family.html		

トイレ
水洗

シャワー

夜間照明

炊事場
1棟

売店

飲食店

遊具

ペット
専用サイト
のみ可

FREE
Wi-Fi

旭川21世紀の森の中にあるキャンプ場でファミリーゾーンの他にふれあい広場キャンプ場、ニイペの森キャンプ場等が併設されている大型の設備が整った施設だ。ファミリーゾーンはペーパンダム湖と名付けられた人造湖のほとりに位置していて水辺広場やパークゴルフ場があるほか温泉森の湯まで徒歩5分と立地の条件が良く名前の通りファミリー向けとなっている。

禁止・注意事項 直火、たき火、発電機、カラオケ

親子で楽しめる おすすめポイント

場内にあるパークゴルフ場やサッカー場は無料で利用でき、水辺広場は水深が浅いので小さな子どもも安心して遊ばせることができる。

ピクニックをするのにも良い水辺広場

ペット同伴サイトが12区画ありテントも張れる

人気のバンガロー

温泉情報 21世紀森の湯

キャンプ場内にある温泉、石鹸、シャンプーの使用は禁止なので注意してほしい。

- ◆営業時間／13:00〜20:00（季節により異なる）
- ◆料金／100円　◆休館日／無休
- ◆住所／旭川市東旭川町瑞穂937
- ◆TEL／0166-76-2454（総合案内所）

INFORMATION

（宿泊棟）

利用料金
◆フリーサイト／大人300円（日帰り無料）

利用時間
■IN／10:00〜
■OUT／翌10:00

管理人
期間中バンガロー宿泊時24時間常駐

施設・設備
水洗トイレ、炊事場、管理棟、バーベキューハウス、ドッグランなど　※ゴミ回収無料

利用時間
■IN／16:00〜
■OUT／翌10:00

バンガロー
■6人用
1泊1棟4,720円〈総数8〉
■ワンワンハウス（ペットと一緒に泊まれる）
1泊4,720円〈1棟のみ〉

旭川市21世紀の森 ファミリーゾーン キャンプ場

至当麻

スーパー
商店
米飯川
キトウシ森林公園
家族旅行村キャンプ場
ペーパンダム
21世紀の森の湯

アクセス　旭山動物園前から道道295号に入り更に20km程で案内看板あり

ワンポイント情報　●管理棟入口ゲートは22:00で閉鎖になるので注意
●火気は指定の場所でのみになるので現地で確認を

日本海に沈む夕日や利尻島の眺めは素晴らしく、開放感いっぱいのキャンプ場

カーサイト **フリーテントサイト** **宿泊棟** ※隣接してオートキャンプ場あり **初山別村**

日本海の眺望がすばらしいキャンプ場

初山別村みさき台公園キャンプ場
しょさんべつむら　だいこうえん　じょう

住　所	苫前郡初山別村豊岬		
TEL	現地に電話なし	利用期間	4月下旬〜10月下旬
期間外問合わせ先	初山別村役場　☎0164-67-2211		
URL	http://www.vill.shosanbetsu.lg.jp/		

トイレ
水洗(洋・和式)、
バリアフリー対応

シャワー

夜間照明

炊事場
3棟

売　店

飲食店

遊具

ペット

FREE
Wi-Fi

初 山別村みさき台公園内にあるキャンプ場で、無料で使用できるのが嬉しい。ペット同伴の場合は隣接するオートキャンプ場を利用すると同伴は可能だ。どの場所からも日本海が望め天気が良いと利尻島も臨める眺望の良いキャンプ場になる。施設内には天文台や温浴施設のほかオートキャンプ場側にゴーカートやパークゴルフ場もあるので時間を忘れて楽しめるだろう。

禁止・注意事項 直火、花火、カラオケ、発電機

利尻富士や天売・焼尻が望める。また、海水浴場、温泉施設、道の駅、天文台、金比羅神社、パークゴルフ、ゴーカートなどがこのエリアに集中している。

新鮮食材の料理も自慢の「ホテル岬の湯」

日本最北の天文台「しょさんべつ天文台」

清潔な直売所。レストラン施設「北極星」

温泉情報 しょさんべつ温泉 ホテル岬の湯

日本海を一望しながら入れる露天風呂が自慢の温浴施設だ。

◆営業時間／6:30～7:30(8:00迄退館)／11:00～21:30 (22:00迄退館) ◆料金／大人500円、小人250円、家族風呂室料1時間750円(12:00～17:00まで受付。18:00退館) ◆休館日／4月上旬に不定休有 ◆住所／初山別村字豊岬153 ◆TEL／0164-67-2031

INFORMATION

利用料金
◆フリーテントサイト（持込テント）／7～8月の指定期間内のみ1張500円

利用時間
■ IN／13:00～
■ OUT／翌12:00

管理人
9:00～18:00駐在

施設・設備
バリアフリー、水洗トイレ、炊事場、北極星（食堂・直売所・売店・飲食店）パークゴルフ場など

貸し用具
コンロなど各種キャンプ用品有料にて

宿泊棟

利用時間
■ IN／16:00～
■ OUT／翌10:00

バンガロー
■ 4～5人用
1棟4,300円～〈総数9〉
※炊事台・トイレは共同、別棟になり寝具、調理道具はなし
※要予約（予約先:ホテル岬の湯 ☎0164-67-2031）

しょさんべつ天文台
至天塩 →
道の駅ロマン街道しょさんべつ
初山別村みさき台公園
232 キャンプ場
◉ ↓至留萌

アクセス 国道232号初山別市街から北へおよそ4km進み左手海側に現地が見えてくる

ワンポイント情報 ●近隣に「しょさんべつ天文台」、直売所「北極星」があり、ハスカップソフトが人気

広大な広さなエコロジーパークの全景

カーサイト　**フリーテントサイト**　**宿泊棟**　　　　　**音更町**

十勝川流域にある大型キャンプ場

北海道立十勝エコロジーパークオートキャンプ場

住　所	河東郡音更町十勝川温泉南18丁目1	
T E L	☎0155-32-6780	利用期間　キャンプ場:4月29日〜10月31日　コテッジ:4月1日〜11月30日
期間外問合わせ先	上記で通年対応　※12月29日〜1月3日は休園	
U R L	http://www.tokachi-ecopark.jp	

トイレ
水洗(洋式)

シャワー

夜間照明

炊事場

売店

飲食店
軽食あり
10時〜15時

遊具
2基

ペット
禁止・注意
事項参照

Wi-Fi
ビジターセ
ンター内

キャンプ場のある十勝エコロジーパークは141haの広大な敷地の公園だ。十勝の河川敷に広がる自然公園には数々の池や広場での遊びだけではなく、エゾリスやアカゲラなどの観察できるいくつもの森や散策など色々と楽しむ事ができる。サイト自体はシンプルな作りではあるがコテージを中心として宿泊施設は充実しているので家族や仲間で何度きても違う楽しみ方ができる。

禁止・注意事項　直火、花火、カラオケ、ゴミの投げ捨て、大騒ぎ、芝生の中への車の乗り入れ、芝を焦さないなど。ペットはフリーサイトのみ禁止、公園内はリード着用

親子で楽しめる おすすめポイント

園内には、空気で膨らんだフワフワドーム（休止期間11月上旬～4月中旬）があり飛んだり跳ねたりと小さな子ども達にはたまらない施設だ。水と霧の広場があり、自転車レンタルもある。魚の遡上を窓越しに見られる魚道観察室（幕別エリア）がある。

広々としたキャンプサイト

水と霧の広場での様子

炊事場は各サイトにあるので便利だ

温泉情報　十勝川温泉街

十勝川温泉街はキャンプ場からおよそ1kmに位置する。泉質はモール温泉で、肌にまとわりつくような温泉で上がった後はしっとりとする事に驚くだろう。平均料金500円～1,500円程度、日帰り温泉は13時～21時までが多い。

INFORMATION

利用料金

■ 入場料 コテッジ・キャンプ場
小学生600円、中学生以上1,200円
◆フリーサイト／1張1,000円〈総数70〉
◆プライベートサイト／1区画1泊1,500円〈総数30〉
※10月は1,000円

利用時間

■ IN／13:00～17:00
■ OUT／翌11:00

管理人

9:00～翌8:30駐在（24時間対応）

施設・設備

多目的トイレ（バリアフリー、オスメイト対応）、炊事場、ビジターセンター（軽食あり）、インドアガーデン（木のおもちゃ等）、フワフワドーム、水と霧の遊び場など

貸し用具

テント、テーブル、バーベキューコンロ、自転車など各種有料

宿泊棟

利用時間

トレーラーハウス
■ IN／15:00～17:00
■ OUT／翌11:00
コテッジ
■ IN／15:00～17:00
■ OUT／翌11:00

トレーラーハウス

■ 5人用
1泊1棟15,000円

コテッジ

■ 5人用
1泊1棟15,000円
■ 7人用
1泊1棟21,000円
■ 10人用
1泊1棟30,000円

アクセス　道東自動車道音更帯広ICから車でおよそ20分。十勝川温泉街に向かう道道73号で温泉街東側に隣地

ワンポイント情報　●ビジターセンターにはキッズコーナーや授乳コーナーの他自然体験プログラムなども多数用意されているので現地で確認を

木立に囲まれた、静かな雰囲気のカーサイト

カーサイト　**フリーテントサイト**　**宿泊棟**　　　　　**釧路市**

交通アクセスや観光施設に恵まれたキャンプ場

山花公園オートキャンプ場

住　所	釧路市阿寒町下仁々志別11-37		
Ｔ Ｅ Ｌ	☎0154-56-3020	利用期間	6月1日～10月20日
期間外問合わせ先	一般財団法人釧路市公園緑化協会　☎0154-24-0513		
Ｕ Ｒ Ｌ	http://www.kushiro-park.com		

トイレ
水洗

シャワー
有料

夜間照明

炊事場

売店

飲食店

遊具

ペット
禁止・注意
事項参照

Wi-Fi

釧路湿原の西に広がる山花公園の一角にあるキャンプ場。道東自動車道阿寒I.Cの開通でアクセスも抜群。公園内には「釧路市動物園」や「山花温泉リフレ」、乗馬体験ができる「釧路市ふれあいホースパーク」などがある。湿原展望台や丹頂鶴自然公園などもそばにあり、道東観光の拠点としても利用できる。コテージは深い森の中に佇み、木々に囲まれたサイトは、芝生を敷き詰めた快適な仕様。

禁止・注意事項　直火（たき火）、打上げ花火（手持ちは可）、カラオケ、発電機、他の利用者への迷惑行為。ペットはスタンダードカーサイト一部のみ可（8月10～17日はペット全面禁止）

親子で楽しめる おすすめポイント

天然記念物のシマフクロウがいることでも有名な釧路市動物園。さらにアムールトラやホッキョクグマ、アルパカやクマタカの飼育展示も人気。

子どもに人気の遊具施設も豊富

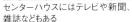

センターハウスにはテレビや新聞、雑誌などもある

設備の整った、屋根付きの炊事棟

温泉情報 山花温泉 リフレ

山花公園内にある「リフレ」は、露天風呂をはじめ薬湯、サウナ、打たせ湯なども完備。

◆営業時間／10:00〜21:00（受付20:30終了）
◆料金／大人（高校生以上）630円、中学生530円、小人（小学生）320円　◆定休日／年中無休
◆住所／釧路市山花14線131番（山花公園内）
◆TEL／0154-56-2233　※キャンプ場利用者は割引あり

INFORMATION

予約
5月1日9:00から当年営業期間全日（時間は5月9:00〜17:00、6月以降〜19:00）、インターネット予約も可

利用料金
■入場料
大人（中学生以上）760円、小学生380円
◆フリーサイト／1泊1区画1,260円〈総数47〉
◆スタンダードカーサイト／1泊1区画3,170円〈総数44〉
◆キャンピングカーサイト／1泊1区画3,800円〈総数10〉
※電源、上下水道付き

利用時間
■IN／13:00〜19:00
■OUT／翌7:00〜11:00

管理人
期間中24時間常駐

施設・設備
水洗トイレ、炊事場、センターハウス（売店・コインランドリー・シャワー）バーベキューハウスなど

貸し用具
毛布、炊飯器など有料、マウンテンバイク、焼き肉用鉄板など無料

宿泊棟

利用時間
■IN／15:00〜19:00
■OUT／翌7:00〜11:00

コテージ
■6人用
1泊1区画12,660円〈総数10〉
電源、上下水道、シャワールームの他、調理器具も充実

アクセス
国道240号または38号をより釧路動物園方向へ。道道666号に入ると案内看板あり

ワンポイント情報
●利用料金の3割引期間あり。6月、9月、10月の日曜〜木曜（祝日前日、日帰りキャンプは除く）

美幌市街地と知床連峰が一望できるバンガローもあり、夜景もおすすめ

カーサイト **フリーテントサイト** **宿泊棟**　　　　　　　**美幌町**

遊具と宿泊施設が充実の家族向けキャンプ場

美幌みどりの村森林公園キャンプ場

住　所	網走郡美幌町字美禽258-2		
T E L	現地に電話無し	利用期間	5月上旬〜9月下旬
問合わせ先	一般財団法人 美幌みどりの村振興公社　☎0152-72-0178		
U R L	http://www.town.bihoro.hokkaido.jp/		

トイレ
水洗(洋式)

シャワー

夜間照明

炊事場

売店

飲食店

遊具

ペット

Wi-Fi

美幌みどりの村森林公園内に位置するバンガローやキャビンが充実し遊具もあるキャンプ場。場内の色々な位置にバンガローなどが点在し好みに合わせて借りることができる。およそ200mもあるローラー滑り台やトリム広場など子ども達には嬉しい施設が揃っているので遊びたおすこともできるだろう。芝生のテントサイトはフリーで区画ではないのでマナーを守って利用して欲しい。

禁止・注意事項 直火、たき火、花火、、カラオケ、発電機

親子で楽しめるおすすめポイント

すべり台だけでも3か所あり、その他遊水路や展望台など飽きることなく遊んだり散策したりとできるだろう。

凝ったデザインのアスレチックな遊具たち

変わった形のマッシュルームキャビン

落ちついた雰囲気のログハウス風のバンガロー

温泉情報♨ 峠の湯びほろ

美幌峠に向かう国道243号沿いに、車で約11分程度に位置した温泉。

◆営業時間／10:00〜22:00（21:45までの入浴）
◆料金／大人（中学生以上）500円、子供（4歳〜小学生）250円、3歳以下無料　◆定休日／第2水曜日（祝日の場合翌木曜日）　◆住所／網走郡美幌町字都橋40番地1　◆TEL／0152-73-2121

INFORMATION

利用料金
◆フリーサイト（持込テント）／高校生以上440円、小中学生330円

利用時間
■IN／15:00〜
■OUT／翌10:00

管理人
9:00〜17:00駐在

施設・設備
水洗トイレ、炊事場、管理棟、コインシャワー、コインランドリーなど

貸し用具
テント、タープ、寝袋など各種有料

宿泊棟

利用時間
■IN／15:00〜
■OUT／翌10:00

マッシュルームキャビン
■4人用
2,750円〈総数3〉

バンガロー
■6・10・15人用
3,300円〜4,950円〈総数16〉

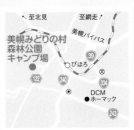

（地図）
至北見　至網走
美幌バイパス
美幌みどりの村
森林公園
キャンプ場
びほろ
39
122　240　334
DCM
ホーマック
243

アクセス 国道39号を美幌市街から北見方面へおよそ2kmにあるみどり橋を渡ると看板があり左折。道なりに進むと現地

ワンポイント情報 ●基本的に要予約のキャンプ場なので行く前には必ず電話をしよう
●宿泊施設が充実しているので道東観光の拠点にするのもおすすめだ

水と緑に囲まれた林間キャンプ場

カーサイト **フリーテントサイト** **宿泊棟** **遠軽町**

SLが走る森林公園内にある落ち着いたキャンプ場

丸瀬布いこいの森 オートキャンプ場

住　所	[平日]遠軽町丸瀬布総合支所産業課　遠軽町丸瀬布中町115-2 [土・日曜・祝日]郷土資料館		
T E L	[平日]☎0158-47-2213 [土・日曜・祝日]☎0158-47-2466	利用期間	4月下旬～10月下旬
期間外問合わせ先	遠軽町丸瀬布総合支所産業課　☎0158-47-2213		
U R L	http://engaru.jp		

トイレ
水洗

シャワー

夜間照明

炊事場

売店

飲食店

遊具

ペット
禁止・注意
事項参照

Wi-Fi

丸瀬布市街から約10kmにある「いこいの森」。SL「雨宮21号」が自然豊かな森の中を走り、テニスコートにゴーカート、パークゴルフや日帰り温泉、昆虫生態館などの施設がある。キャンプ場はとても落ち着いた雰囲気で、場内を流れる武利川は釣りの名所。フリー・オートサイトともにオートキャンプができる、ファミリー揃って楽しめるキャンプ場。汽笛の音を聴きながらのんびりとしたひと時を過ごそう。

禁止・注意事項 ペットはノーリード禁止、バンガローや建物内への進入不可（盲導犬除く）、花火は手持ちのみOK、他人に迷惑をかけないよう心がける、芝生での直火禁止、発電機使用場所指定あり

128

親子で楽しめる おすすめポイント

キャンプ場があるいこいの森では、昔この地域の木材運搬で活躍した森林鉄道蒸気機関車「雨宮21号」が運行されている（運行日指定あり）。

全サイト車乗り入れOKなので荷物の搬入もラクラク

木々に囲まれ、落ち着いた雰囲気のバンガロー

2020年秋に高床式バンガロー（8棟）が完成

温泉情報　丸瀬布温泉 やまびこ

キャンプ場から歩いてすぐの位置にある日帰り温泉施設。10種類の入浴が日替わりで楽しめる。

◆営業時間／[期間中]10:00〜21:00（20:45受付終了）、[期間外]11:00〜21:00　◆料金／中学生以上500円、小学生以上300円　◆定休日／火曜（祝日の場合は翌日、夏休み期間は営業）、12月31日、1月1日　◆住所／遠軽町丸瀬布上武利53　◆TEL／0158-47-2233

INFORMATION

利用料金

■入場料
大人（高校生以上）1泊800円、小人（小学生以上）1泊400円
◆フリーサイト（200張）／4t車以上1泊1,000円、軽自動車以上1泊500円、他の車両（バイク等）1泊200円
◆第1オートサイト／1泊1区画2,500円〈総数43〉電源付
◆第2オートサイト／1泊1区画2,000円〈総数75〉

利用時間

■IN／13:00〜
■OUT／翌11:00

管理人

8:45〜17:00駐在
※夏休み期間ほか一部夜間常駐

施設・設備

センターハウス、（受付、売店、水洗トイレ、シャワー、コインランドリー）、共同水洗トイレ、炊事場、自動販売機、ドッグラン

貸し用具

テント、寝袋、コンロ、電気ストーブ、パークゴルフ用具など各種有料

宿泊棟

利用時間

■IN／13:00〜
■OUT／翌11:00

バンガロー

■19棟・1泊1棟
◆[4人用]2,500円
◆[5人用]3,000円
◆[6人用]3,500円
◆[6人用]5,000円、テラス付
※各照明・電源付

高床式バンガロー

■8棟・1泊1棟
（4人用）5,000円

アクセス

旭川紋別自動車道丸瀬布I.Cから約10km、国道333号、道道1070号線経由で約15分

ワンポイント情報

いこいの森内にある「昆虫生態館」では生きた昆虫の展示や標本の展示、蝶が飛び交う放蝶館などがあり、昆虫を見るだけでなく楽しく学ぶこともできる施設

緑豊かなキャンプ場内には、道民の森ならではの体験施設が豊富

カーサイト　フリーテントサイト　宿泊棟　　　月形町

キャンプも、体験もチャレンジ

道民の森月形地区キャンプ場

住　所	月形町北郷		
T E L	☎0133-22-3911	利用期間	5月1日〜10月31日
期間外問合わせ先	道民の森管理事務所　☎0133-22-3911		
U R L	http://www.dominno-mori.org/stay/stay.html		

トイレ
水洗(和式)、バリアフリー対応

シャワー
有料

夜間照明

炊事場
1棟

売　店

飲食店

遊　具

ペット
禁止・注意
事項参照

FREE
Wi-Fi

広大な道民の森の月形地区にあるキャンプ場。ここにはキャンプサイトやバンガローのほか、様々な体験ができる施設がある。コーヒーカップや花瓶の作成ができる「陶芸館」や「木工芸館」など小さな子供でも気軽にできる体験が豊富だ。また、遊歩道で自然豊かな森の中を散策することができる。

禁止・注意事項 直火、打ち上げ花火、カラオケ、発電機使用は禁止。ペットはテントサイトのみ同伴可（ノーリード禁止）

親子で楽しめる おすすめポイント

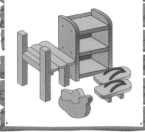

木工芸館ではキットを買えばその場でおもちゃ作りができる。予約制で材料費は200円〜。使用料は大人200円、高校生100円、中学生以下無料。

テントサイトはペット同伴可能エリアにあるのでリード付で楽しもう

木工芸館ではインストラクターが指導してくれる

ログハウス風のバンガローも人気

温泉情報

月形温泉 ゆりかご

キャンプ場から10kmほどの皆楽公園内にある。内風呂の他に露天風呂やサウナも用意。

- ◆営業時間／10:00〜21:00
- ◆料金／大人500円、小人250円
- ◆定休日／第3火曜
- ◆住所／月形町81番地10
- ◆TEL／0126-37-2188

INFORMATION

利用料金
◆テントサイト／1張2,000円
〈総数25〉

利用時間
■ IN／14:00〜
■ OUT／翌12:30

管理人
9:30〜16:30駐在
※宿泊者がいる場合24時間常駐

施設・設備
水洗トイレ、炊事場、陶芸館兼管理棟（有料シャワー室あり）、バリアフリー（車椅子用トイレ、車椅子用のバンガロー10人用1棟）など

貸し用具
テント、寝袋、タープ、コンロ、電池式ランタン、BBQコンロなど各種有料

宿泊棟

利用時間
■ IN／14:00〜
■ OUT／翌12:30

バンガロー
■ 4人用
1泊1棟5,000円〈10棟〉
■ 10人用
1泊1棟8,000円〈6棟〉照明、電源、畳敷きのベッド、イス、テーブル、外にテーブルとベンチ
※室内は火気厳禁となっている
※利用料金割引制度あり

道民の森 月形地区 キャンプ場

至一番川・神居尻・浜益

11

28

須部都川

知来乙
駐車公園

↓至当別　至札幌　275　至浦臼・月形・月形温泉ゆりかご

アクセス 国道275号を通って月形市街より道道11号を約10km

ワンポイント情報 ●「陶芸館」と「木工芸館」にはインストラクターがいるので、初心者でも楽しめる。予約優先
●買い物は近隣ではできないので、事前に月形町で買い物することを推奨

函館の海を見渡せる抜群のロケーションも魅力

カーサイト **フリーテントサイト** **宿泊棟** **函館市**

函館市街地から車で約30分で設備も充実したオートキャンプ場

白石公園はこだてオートキャンプ場
しろいしこうえん じょう

住 所	函館市白石町208		
T E L	☎0120-54-6145	利用期間	4月下旬～10月末
期間外問合わせ先	白石公園管理棟　☎0138-58-4880		
U R L	http://shiroishi-park.hakodate.jp/		

トイレ
水洗

シャワー
有料

夜間照明
サイトがわかる外灯のみ

炊事場
2棟

売 店

飲食店

遊 具

ペット
禁止・注意事項

Wi-Fi
センターハウス内のみ

　函館市の東部、白石町の小高い丘にある本格的なオートキャンプ場。全110サイト、450人収容可能の高規格を誇っている。敷地内には、レクリエーション広場や遊戯広場（木製アスレチックなど）、パークゴルフ場などもあり、家族連れで朝から晩まで楽しめる。夜には、津軽海峡にきらめく漁り火や、降ってくるかのような満点の星空が心を癒してくれる。

禁止・注意事項 直火、たき火、打ち上げ花火、カラオケ、発電機使用。ペットはキャビン2棟、キャンピングカーサイトのみ全区画狂犬病予防接種証明書の確認済みのみ可

親子で楽しめる おすすめポイント

季節ごと、縁日や体験イベントなどを開催。またパークゴルフ場は、宿泊者なら大人300円、高校生以下150円で利用できる。

遊戯広場に設置されたコンビネーション遊具は子どもたちに大人気

オートサイトの向こうにあるキャビンの宿泊もおすすめ

7月にはパークゴルフ大会も開催

温泉情報

湯の川温泉 ホテル雨宮館

キャンプ場から約10km。湯の川の電車通りにあり100%源泉かけ流しの源泉岩風呂が魅力。

- ◆営業時間／6:00～23:00
- ◆料金／大人400円、小人200円
- ◆休館日／無休
- ◆住所／函館市湯川町1丁目26-18
- ◆TEL／0138-59-1515

INFORMATION

利用料金

◆フリーテントサイト（持込テント）／1張5人まで2,500円、日帰り1,000円〈50区画〉
◆オートサイト／1区画5,000円、日帰り2,000円〈18区画〉電源、流し台
◆スタンダードカーサイト／1区画4,000円、日帰り1,500円〈22区画〉電源無
◆キャンピングカーサイト／1区画6,000円、日帰り2,500円〈10区画〉電源、上下水道、流し台
※このサイトはペット可

利用時間

- ■IN／13:00～17:00
- ■OUT／8:00～11:00
- ■日帰り／9:00～日没まで

管理人

営業期間中24時間常駐

施設・設備

売店、炊事場、水洗トイレ、シャワー、コインランドリーなど

貸し用具

テント、寝袋、毛布、マットレス、テーブルセット、コンロなど各種有料
※施設利用料別途

---宿泊棟---

利用時間

- ■IN／13:00～17:00
- ■OUT／翌8:00～11:00

キャビン

■6人用（浴室付）
1泊1棟14,000円〈2棟〉

■6人用（浴室無）
1泊1棟12,000円〈4棟〉
※2棟のみペット可
■4人用（浴室無）
1泊1棟10,000円〈4棟〉キッチン、温水洗浄便座、洗面台、テレビ、テーブル、冷蔵庫、三段ベッド、電磁調理器などを完備

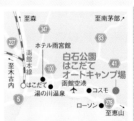

アクセス 函館市中心街から国道278号線を恵山方面へ約16km、案内看板を左折し1.1km

ワンポイント情報 ●パークゴルフ場は、宿泊者の場合用具（ボール、クラブ）を無料貸し出し

学習・体験施設

道南エリア

133

小高い丘の上につくられたキャンプ場は羊たちとの交流も楽しい

カーサイト　フリーテントサイト　宿泊棟　　　中富良野町

夜は満天の星空。ロケーションも抜群

星に手のとどく丘キャンプ場

住　所	空知郡中富良野町ベベルイ		
T E L	☎0167-44-2952	利用期間	5月GW～9月末
期間外問合わせ先	丘の管理人前川　☎090-1302-1422		
U R L	http://www.hoshioka.com/		

トイレ
水洗

シャワー
有料

夜間照明

炊事場
2棟

売　店

飲食店

遊　具

ペット
禁止・注意
事項参照

FREE
Wi-Fi

　小高い丘の上にある、手作り感にあふれたキャンプ場。朝になると羊たちが放牧され、テントの周辺で草を食べている光景を見ながら朝食が楽しめるのも同施設の魅力の一つ。またたくさんのウサギとふれあうことができ、子どもたちには大人気。サイトからは富良野の丘の風景を望むことができ、夜には人工物の光が邪魔しない満天の星空をたき火をしながら楽しむことができる。

禁止・注意事項　打ち上げ花火、カラオケ、発電機利用、音楽など不可。ペットは吠え犬、放し飼いは不可、犬を連れて歩く場合は必ずリードをすること

親子で楽しめるおすすめポイント

満天の星空を見上げながら家族でたき火ができる。薪はキャンプ場売店で500円で販売。レンタル用品も充実しているので、手ぶらでもOK。

キャンプ中にすてきな来訪者があることもしばしば

火が燃える音だけが響く夜は雰囲気ばつぐん

たくさんのウサギと触れ合えるのもこちらの魅力

温泉情報　フロンティア フラヌイ温泉

キャンプ場より車で約15分の位置にある温泉。朝は7:00から営業しているので朝風呂でさっぱりするのもおすすめ。キャンプ場で割引券発行。

◆営業時間／7:00〜22:00（最終受付21:30）
◆料金／大人600円、小人300円
◆定休日／無休
◆住所／上富良野町新町4-4-25
◆TEL／0167-45-9779

INFORMATION

利用料金

■入場料
中学生以上850円、子ども450円、ペット200円
◆ライダーサイト／1区画150円〈10区画〉
◆オートサイト／1区画1,000円〈20区画〉
◆キャンピングカーサイト／1区画1,500円〈4区画〉

利用時間
■IN／13:00〜17:00
■OUT／翌11:00

管理人
期間中24時間常駐

施設・設備
水洗トイレ、炊事場、管理棟、センターハウス、レストラン

貸し用具
テント、布団、毛布、テーブル、イス、布団マットレス、食器セット、七輪、包丁など

宿泊棟

利用時間
■IN／13:00〜17:00
■OUT／翌11:00

バンガロー
■2人用
1泊1棟5,000円〈総数3〉照明、電源、寝具付き、ストーブ（有料）
■4人用
1泊1棟5,500円〈総数7〉照明、電源、寝具付き、ストーブ（有料）

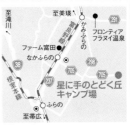

アクセス　JR中富良野駅前のセイコーマートより道道705号に入り、15kmほど進むと、終点がキャンプ場

ワンポイント情報　●約管理棟にあるレストラン「羊の丘ジンギスカン」のジンギスカンのお肉は購入も可能、値段は700円〜

135

フリーサイトやオートサイトのほか、選べるバンガローも人気

カーサイト **フリーテントサイト** **宿泊棟** **天塩町**

恵まれた自然の中で多彩なアウトドアライフを体験

天塩町鏡沼海浜公園キャンプ場
てしおちょうかがみぬまかいひんこうえん　じょう

住　所	天塩町字更岸7476		
T E L	☎01632-2-1830	利用期間	5月1日～10月中旬
期間外問合わせ先	天塩町商工観光課　☎01632-2-1729		
U R L	http://www.teshiotown.hokkaido.jp/		

トイレ
水洗

シャワー

夜間照明

炊事場

売　店

飲食店

遊具

ペット
マナー厳守

Wi-Fi
一部利用可

　日本最北の一級河川天塩川、日本海、鏡沼に囲まれた自然豊かなキャンプ場。鏡沼を境にフリーサイトとオートサイトが分かれている。日本海には利尻富士を望むことができ、鏡沼周辺を散策するなどして、アウトドアを満喫した後は、場内に隣接する「てしお温泉夕映」でゆっくりと汗を流そう。また例年7月上旬にはしじみのつかみ取りが楽しめる「しじみまつり」も開催される。

禁止・注意事項 直火、たき火、打ち上げ花火、カラオケ、芝への車の乗り入れ、ペットのノーリード、沼に入れる行為

親子で楽しめるおすすめポイント

鏡沼周辺には春から夏にかけてスズランやハマナス、エゾカンゾウなど原生植物を観察することができる。展望台から見る利尻富士もオススメ。

夕日に映える利尻富士は見事

てしお温泉夕映でホッと一息

場内はきれいに管理され、管理棟には屋内バーベキュー施設もあり

温泉情報♨

てしお温泉夕映

キャンプ場から徒歩1分。日本海に沈む夕日が一望できる露天風呂が人気。

◆営業時間／11:00～22:00（土・日曜、祝祭日は10:00～）　◆料金／大人600円（中学生以上）、小人300円　◆休館日／無休
◆住所／天塩町字サラキシ5807-4
◆TEL／01632-2-3111

INFORMATION

利用料金

◆フリーテントサイト／1張500円〈総数50〉
◆オートサイト／1泊1区画3,000円〈総数7〉電源付き

利用時間

■IN／13:00～21:00
■OUT／翌10:00

管理人

8:00～21:00駐在

施設・設備

水洗トイレ、炊事場、野外炉、遊具、管理棟など

貸し用具

テント、寝袋、マット、簡易ベッドなど各種有料

宿泊棟

利用時間

■IN／13:00～21:00
■OUT／翌10:00

バンガロー

■4人用
1泊1棟3,300円〈8棟〉
■6人用
1泊1棟3,800円〈5棟〉各照明、電源付き

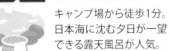

アクセス 留萌市街より国道232号を天塩町方面へ約2時間。市街地1km手前に案内看板あり

ワンポイント情報 ●約100m先に「セイコーマートあかつか天塩店」、1.5km先にJAてしおがあり食材調達に便利

見渡すと遠く日高山脈の絶景も一望できる

カーサイト　**フリーテントサイト**　宿泊棟　　　　**幕別町**

立地が良く無料のキャンプ場

ナウマン公園キャンプ場

住　　所	中川郡幕別町忠類白銀町390-4		
T E L	現地に電話無し	利用期間	4月下旬～10月下旬
問合わせ先	幕別町忠類総合支所経済建設課　建設管理係　☎01558-8-2111		
U R L	https://www.town.makubetsu.lg.jp/kurashi/shisetsu/sonotanoshisetsu.html		

トイレ
水洗(洋式)

シャワー

夜間照明

炊事場
1棟

売店

飲食店

遊具
隣接公園内

ペット

FREE
Wi-Fi

ナウマン公園内にある持込テント専用のキャンプ場で、温泉や道の駅、ナウマン象記念館などが集まっている。キャンプ場は管理人もおらず予約制ではないので先着順になっている。少し楽をしたい場合は早めに行って駐車場側にテントを設営する事でセミオートのような使い方ができるのでおすすめだ。隣接しているナウマン象記念館では、復元骨格模型や生体復元模型などが展示されている。

禁止・注意事項 直火、たき火、花火、、カラオケ、発電機、ゴミ捨て、隣接するパークゴルフ利用者駐車場への駐車禁止

親子で楽しめる おすすめポイント

周辺施設として、温泉施設「十勝ナウマン温泉 ホテルアルコ」、道の駅、農畜産物直売所「菜の館ベジタ」、ナウマン象記念館がある。公園、パークゴルフ場があり、長期滞在しても楽しめる。

ナウマン象の骨が発掘されてできた記念館

水遊びができる水場

すぐそばに遊具設備

温泉情報

十勝ナウマン温泉
ホテル アルコ

キャンプ場入口がある国道沿いに面して隣接する温浴施設。

◆営業時間／11:00〜23:00(最終受付22:30)
◆料金／大人500円、小学生250円、幼児無料
◆定休日／無休
◆住所／幕別町忠類白銀町384-1
◆TEL／01558-8-3111

INFORMATION

利用料金
無料

利用時間
定めず

管理人
不在

施設・設備
水洗トイレ、炊事場、野外炉、パークゴルフ

至帯広
十勝ナウマン温泉
ホテル アルコ
忠類I.C
忠類ナウマン象記念館
ナウマン公園キャンプ場
至広尾

アクセス 国道236号を帯広市街から広尾方面へ約50kmで忠類村。更に2km程進むと現地が見えてくる

ワンポイント情報 ●無料のキャンプ場で管理人不在なのでマナーを守り利用して欲しい ●近くにある道の駅では特産物など販売している

139

広々とし整備が行き届いたテントサイト

カーサイト フリーテントサイト 宿泊棟 浜中町

広大な公園の中にあるキャンプ場

MO-TTOかぜてキャンプ場

住　所	厚岸郡浜中町浜中東6線66		
TEL	☎0153-64-3000	利用期間	4月末～10月末
期間外問合わせ先	浜中町役場 商工観光課　☎0153-62-2111		
URL	http://www.kiritappu.jp/home/nn/midokoro/13motto/13midokoro.html		

トイレ
水洗(洋・和式・バリアフリー)

シャワー

夜間照明

炊事場

売店

飲食店

遊具

ペット
禁止・注意事項参照

Wi-Fi
管理棟・体験施設のみ

酪農が盛んな浜中町をイメージしたキャンプ場で山間にあり、静かな環境と整備されたサイトで管理人不在時も受付用紙を記入すればゆったりと過ごせるキャンプ場だ。車が1台通れればテントサイトそばに停車可能なのでセミオート感覚でキャンプもできる。事前予約制にはなるが、アイスクリームやピザ作りなどの体験が施設内で可能となっている。

禁止・注意事項 直火、カラオケ、発電機使用。ペットは周りに危害が無いこと(うるさい、リード無しなど)

親子で楽しめる おすすめポイント

場内から吊り橋を渡っていく散策路があり、春には桜を楽しめたり野鳥観察など自然を満喫できる。

春先には桜を楽しむことができる

管理棟と体験施設が入っている

小さな子どもも楽しめるすべり台も

温泉情報 霧多布温泉 ゆうゆ

キャンプ場から車でおよそ10分程の位置にある温泉で、大浴場の他ジャグジーバス・露天風呂なども揃っている。

- ◆営業時間／10:00～22:00
- ◆料金／大人500円、小人250円
- ◆定休日／年中無休（臨時休館あり）
- ◆住所／浜中町湯沸432
- ◆TEL／0153-62-3726

INFORMATION

利用料金
◆フリーテントサイト／テント1張（5人用まで）330円、テント1張（6人用以上）550円
※タープ、スクリーンテント、キャンピングカーも1張扱い

利用時間
■IN／正午以降（受付完了後から）
■OUT／翌11:00

管理人
9:00～17:00駐在（日・月・祝日は不在）

施設・設備
水洗トイレ、炊事場、管理棟など
※利用期間内でも施設周辺や敷地内に、ヒグマが出没したり痕跡が見つかった場合はキャンプ場を閉鎖します

アクセス 国道44号を釧路方面から根室方面に走り、道道123号を右折し道なりに走ると現地

ワンポイント情報 ●キャンプ場の隣に自然酵母を使ったパン屋があり非常に人気があるのでキャンプの朝の朝食にすると良いだろう
●体験施設は、全て要予約なので来訪する前に電話連絡を忘れずに

INDEX

［編集］
浅井 精一
北川 善浩
本田 玲二
佐藤 和彦
大桑 康寛

［テキスト］
佐藤 和彦
魚住 有
大桑 康寛

［デザイン］
垣本 亨

［イラスト］
松井 美樹

［制作］
カルチャーランド

▼あとがき▼

人々の生活スタイルが大きく変化しています。風通しがよい環境下でのレジャー活動に注目が集まるなか、昨今のキャンピングブームと相まって、キャンプ場のニーズが広がっているようです。屋外でゆったりと過ごせるキャンプはこれからもますます注目されるレジャーになりそうです。子どもが遊べるプレイスポットや体験学習、ファミリーで楽しめるアクティビティの情報など、キャンプ場を厳選して掲載しました。家族みんなでキャンプを楽しむ計画を立てる時に、この本が少しでも役立てるようでしたら幸いです。

北海道 親子で行きたい！
ファミリーキャンプ場完全ガイド　改訂版

2021年4月10日　第1版・第1刷発行

著　者　「北海道ファミリーキャンプ」編集室
　　　　（ほっかいどうふぁみりーきゃんぷへんしゅうしつ）
発行者　株式会社メイツユニバーサルコンテンツ
　　　　代表者　三渡　治
　　　　〒102-0093 東京都千代田区平河町一丁目1-8
印　刷　三松堂株式会社

◎『メイツ出版』は当社の商標です。

●本書の一部、あるいは全部を無断でコピーすることは、法律で認められた場合を除き、著作権の侵害となりますので禁止します。
●定価はカバーに表示してあります。
©カルチャーランド,2016,2021.ISBN978-4-7804-2451-5 C2026 Printed in Japan.

ご意見・ご感想はホームページから承っております。
ウェブサイト　https://www.mates-publishing.co.jp/

編集長：折居かおる　副編集長：堀明研斗　企画担当：千代　寧

※本書は2016年発行の『北海道 親子で行きたい！ファミリーキャンプ場完全ガイド』を元に加筆・修正を行っています。